le
piano
sans
professeur

Couverture
- Conception graphique:
  KATHERINE SAPON
- Photo:
  BERNARD PETIT

Maquette intérieure
- Conception graphique:
  LAURENT TRUDEL
- Photocomposition:
  COMPOTECH INC.

Équipe de révision
Anne Benoit, Jean Bernier, Patricia Juste,
Jean-Pierre Leroux, Linda Nantel, Paule Noyart,
Robert Pellerin, Jacqueline Vandycke

DISTRIBUTEURS EXCLUSIFS:

- Pour le Canada et les États-Unis:
  LES MESSAGERIES ADP*
  955, rue Amherst, Montréal H2L 3K4
  Tél.: (514) 523-1182
  Télécopieur: (514) 939-0406
  * Filiale de Sogides ltée

- Pour la Belgique et le Luxembourg:
  PRESSES DE BELGIQUE S.A.
  Boulevard de l'Europe, 117
  B-1301 Wavre
  Tél.: (10) 41-59-66
         (10) 41-78-50
  Télécopieur: (10) 41-20-24

- Pour la Suisse:
  TRANSAT S.A.
  Route des Jeunes, 4 Ter
  C.P. 125
  1211 Genève 26
  Tél.: (41-22) 342-77-40
  Télécopieur: (41-22) 343-46-46

- Pour la France et les autres pays:
  INTER FORUM
  Immeuble ORSUD, 3-5, avenue Galliéni, 94251 Gentilly Cédex
  Tél.: (1) 47.40.66.07
  Télécopieur: (1) 47.40.63.66
  Commandes: Tél.: (16) 38.32.71.00
                    Télécopieur: (16) 38.32.71.28
                    Télex: 780372

ROGER EVANS

UNE MÉTHODE CLAIRE ET DES MÉLODIES
CHOISIES À L'INTENTION DU DÉBUTANT

le piano sans professeur

Traduit de l'américain
par
Christine Balta

Adapté par
Alain Bergeron

LES ÉDITIONS DE L'HOMME *

CANADA: 955, rue Amherst, Montréal H2L 3K4

*Division de Sogides Ltée

Données de catalogage avant publication (Canada)

Evans, Roger

Le piano sans professeur

Traduction de : How to play piano

2-7619-0645-4

1. Piano — Étude et enseignement. 2. Piano — Méthodes d'auto-enseignement.   I. Titre.

MT220.E9214 1986   786.3'041   C87-096010-5

Édition originale: *How to Play Piano*
Elm Tree Books
ISBN: 0-241-10399-1

Bibliothèque nationale du Québec
Dépôt légal — 1 er trimestre 1987

ISBN 2-7619-0645-4

Je dédie ce livre à mon père, Norman L. Evans, qui m'a initié au plaisir de composer ma propre musique.

Introduction

Ce livre est destiné à toutes celles et à tous ceux qui désirent jouer du piano. Il s'adresse autant aux débutants qu'aux personnes qui ont déjà une formation, mais qui ont cessé de jouer, et qui aimeraient revenir à la pratique du piano.

Vous trouverez dans cet ouvrage tous les renseignements nécessaires, expliqués clairement. Grâce aux différentes étapes, faciles à comprendre, vous pourrez commencer à jouer la musique que vous aimez: musique classique, pop, rock, blues, jazz, etc. Il n'est pas nécessaire d'avoir une formation musicale ou pianistique préalable pour commencer dès maintenant à jouer votre propre musique.

La rapidité de votre apprentissage dépend entièrement de vous. Ce livre respecte votre rythme; vous pourrez également l'utiliser comme complément à des leçons particulières éventuelles. Ici, pas d'exercices ennuyeux, mais une série de morceaux intéressants à jouer, qui rendront votre apprentissage agréable dès le début.

Lisez quelques pages et assurez-vous de bien comprendre les instructions avant d'aller plus loin. Si nécessaire, n'hésitez pas à relire la même page plusieurs fois, jusqu'à ce que vous en compreniez parfaitement le contenu. Ne sautez jamais une page, travaillez méthodiquement, suivez bien l'ordre du livre, sinon vous risqueriez de manquer des notions importantes.

Vous vous rendrez compte que le piano est un instrument relativement simple. Il vous procurera d'immenses satisfactions si vous prenez le temps d'apprendre et de vous exercer correctement. Vous éviterez ainsi de développer de mauvaises habitudes qui risqueraient de limiter éventuellement votre jeu. Vous vérifierez aussi que la «bonne» façon de jouer est non seulement la meilleure, mais aussi la plus simple à long terme.

Cet ouvrage est le résultat de mes nombreuses années d'expérience en tant que pianiste et professeur. J'espère sincèrement que vous pourrez profiter de ces connaissances. Vous découvrirez ainsi l'immense plaisir que peut procurer le piano.

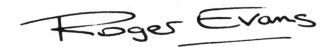

Quelques renseignements sur le piano

De plus en plus de gens découvrent les joies de la musique et décident d'apprendre à jouer du piano et à faire leurs propres compositions. Cela n'a rien d'étonnant, car le piano demeure un instrument très agréable tant par son jeu que par sa sonorité.

Le piano s'avère également un instrument très complet. Il permet de jouer un air ou une mélodie aussi bien que d'accompagner d'autres instruments de musique ou une jolie voix. Il peut se jouer en solo, en groupe, en formation ou en orchestre.

Le piano possède un plus grand registre que la majorité des instruments de l'orchestre, et convient pratiquement à tous les styles de musique. Cette richesse en fait un excellent instrument pour l'apprentissage de la musique, la composition et les arrangements.

Même les débutants de tous âges peuvent jouer des airs agréables, car les notes sont faciles à repérer et à jouer.

Par-dessus tout, le piano demeure un instrument qui procure agrément et satisfaction, tant pour les débutants que pour les interprètes expérimentés. De plus, il existe un choix quasi illimité de morceaux pour le piano.

LES DIFFÉRENTS TYPES DE PIANOS

Il existe deux types de pianos: les pianos à queue et les pianos droits.

Les pianos à queue ont des cordes disposées horizontalement, évoquant un peu une harpe posée à plat. De fait, les tout premiers pianos étaient conçus de cette façon, même si leur aspect différait de celui des pianos à queue modernes.

Les pianos droits sont, comme leur nom l'indique, des instruments dont les cordes et la quasi-totalité des pièces de leur mécanique sont disposées verticalement.

Pianos à queue et pianos droits sont de tailles et de modèles différents, mais leur jeu est pratiquement le même. Vous trouverez ci-contre la description des différentes parties extérieures de l'instrument.

DIFFÉRENTS TYPES DE PIANOS

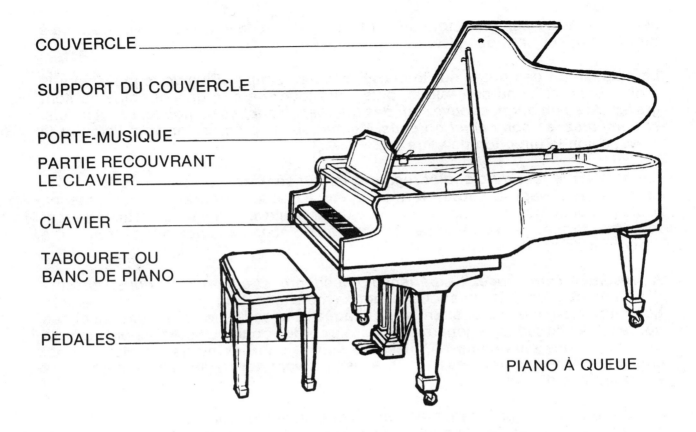

COUVERCLE

SUPPORT DU COUVERCLE

PORTE-MUSIQUE

PARTIE RECOUVRANT
LE CLAVIER

CLAVIER

TABOURET OU
BANC DE PIANO

PÉDALES

PIANO À QUEUE

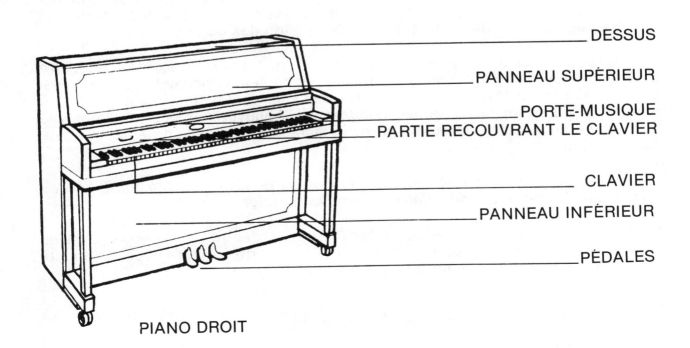

DESSUS

PANNEAU SUPÉRIEUR

PORTE-MUSIQUE
PARTIE RECOUVRANT LE CLAVIER

CLAVIER

PANNEAU INFÉRIEUR

PÉDALES

PIANO DROIT

Fonctionnement du piano

Le fait de savoir comment fonctionne la mécanique de votre piano vous aidera à tirer le meilleur parti de votre instrument*.

La disposition des notes sur le clavier est très simple. Plus vous jouez vers la droite, plus les sons sont aigus, plus vous jouez vers la gauche, plus ils sont graves. *Avec un doigt, appuyez sur des touches, blanches ou noires, une à la fois, et comparez les sons ainsi obtenus.* Remarquez la progression vers l'aigu et le grave, selon la direction de votre jeu.

Exposez l'intérieur du piano et regardez ce qui se passe lorsque vous jouez une note. En soulevant le couvercle d'un piano à queue, vous pouvez voir presque toute la mécanique; s'il s'agit d'un piano droit, soulevez les panneaux supérieur et inférieur. Prenez garde de ne pas toucher aux pièces délicates qui se trouvent à l'intérieur de l'instrument.

À présent, recommencez l'expérience précédente, et observez ce qui se passe à l'intérieur du piano. Chaque touche met en mouvement un marteau à tête feutrée qui frappe certaines cordes. En fait, à chaque note correspond un marteau et des cordes spécifiques. Il y a généralement trois cordes pour les notes les plus aiguës et deux cordes plus épaisses, filées de cuivre, pour les notes les plus graves. Quelques notes, parmi les plus graves, peuvent avoir *une seule corde* très épaisse, filée d'acier.

Les cordes vibrent lorsque le marteau les frappe, et ces vibrations sont amplifiées par la table d'harmonie — construite en bois et de forme incurvée —, le tout produisant un son fort et clair. Le timbre propre à chaque piano provient de l'interaction des marteaux, des cordes et de la table d'harmonie. (Cette dernière se trouve derrière l'épais cadre de fonte qui reçoit la tension des cordes.)

Il se passe aussi autre chose lorsqu'on enfonce une touche: un étouffoir en feutre s'écarte des cordes correspondant à la note, et demeure dans cette position jusqu'à ce que la touche soit relâchée. Ce mécanisme est très important, car il permet de contrôler la durée de chaque note. Appuyez sur une touche, en la maintenant, et la note continue à jouer. Relâchez la touche, la note cesse de se faire entendre.

Faites cet exercice: enfoncez une touche, et remarquez que la note continue à se faire entendre tant que vous n'enlevez pas votre doigt.

Il est également possible de contrôler l'intensité des notes: si vous appuyez fermement sur une touche, la note produite sera forte, si vous appuyez doucement, vous obtiendrez une note douce.

---

* Lisez ce chapitre ainsi que le suivant si vous avez l'intention d'acheter un piano, même si vous ne pouvez pas suivre toutes les recommandations qui s'y trouvent.

Appuyez fermement, puis doucement sur une touche, et comparez l'intensité des notes ainsi produites.

L'action des pédales affecte aussi le timbre de l'instrument.

LA GRANDE PÉDALE OU PÉDALE DE DROITE. Elle prolonge les sons mais, contrairement à ce que l'on pense souvent, elle n'en augmente pas l'intensité.

Lorsque la pédale est actionnée, les étouffoirs s'éloignent de toutes les cordes, permettant à celles-ci de vibrer librement après que la note a été jouée.

Cette pédale est utilisée par les pianistes expérimentés. Son usage est déconseillé aux débutants, qui risquent de produire des sons confus et embrouillés.

LA PÉDALE SOURDINE OU PETITE PÉDALE. Elle atténue la sonorité du piano.

Lorsqu'on actionne cette pédale sur un piano droit, les marteaux se rapprochent des cordes, qu'ils frappent avec moins de force, produisant un son affaibli. Le mécanisme est différent pour un piano à queue: tout le clavier se déplace légèrement vers la droite, de sorte que chaque marteau frappe moins de cordes pour une même note, produisant ainsi un son plus doux, étouffé.

La pédale sourdine sert à créer divers effets spéciaux. Elle est également utile si l'on veut jouer sans déranger les voisins.

LA PÉDALE TONALE OU PÉDALE DU MILIEU. Elle sert à produire différents effets.

Sur certains pianos, c'est une pédale qui prolonge certaines notes, les faisant ainsi «ressortir». Seuls les pianistes accomplis en font usage.

Sur d'autres pianos, la pédale tonale est une seconde pédale sourdine; mais elle peut aussi activer un mécanisme qui donne au piano un son discordant.

Si votre piano ne possède pas de pédale tonale, ce n'est pas grave, car elle est généralement inutile.

Jouez tout en appuyant sur chacune des pédales à tour de rôle. Observez ce qui se passe à l'intérieur du piano, et écoutez les différents sons produits. Remarquez également que l'effet cesse dès que vous enlevez le pied de la pédale.

N'OUBLIEZ PAS de refermer votre piano. Ainsi, la mécanique ne sera pas endommagée.

Vérification de votre piano

Vérifiez si votre piano est en bon état avant de l'utiliser pour la première fois. Cela est important, car si quelque chose ne va pas, vous aurez non seulement du mal à jouer, mais le son produit sera également désagréable. Cette situation nuirait à votre apprentissage.

Commencez par vérifier quand l'instrument a été accordé pour la dernière fois. S'il ne l'a pas été au cours des six derniers mois, vous devez le faire accorder le plus tôt possible. De plus, un piano doit être accordé s'il a été déménagé ou déplacé d'un étage.

Ensuite, vérifiez chaque note. Jouez chaque note en vous assurant que le toucher est bien égal, et que la mécanique est douce et silencieuse. Chaque note doit sonner aussi fort et clair que la suivante. Si vous constatez certaines faiblesses ou une différence de sonorité, ou encore, si une note vous paraît bruyante ou dure au toucher, votre piano doit être vérifié.

Enfin, actionnez chacune des pédales pour en vérifier le fonctionnement, qui doit être doux et silencieux. Même si vous ne les utilisez pas tout de suite, il est préférable de les faire ajuster au moment de faire accorder le piano.

Que faire si votre piano est désaccordé ou si certaines notes sont défectueuses?

Si le piano vous appartient, trouvez-vous un bon accordeur. (Voir page suivante quelques conseils à ce sujet.)

Si le piano n'est pas à vous et qu'il a besoin d'être accordé ou réparé, prévenez le propriétaire.

Dans tous les cas, veillez à faire accorder et réparer l'instrument le plus tôt possible.

Doit-on commencer à jouer avant que le piano soit accordé ou réparé? Si les touches du milieu fonctionnent bien, et si le timbre est correct, vous pouvez jouer.

Par contre, si les touches du milieu sont abîmées, ou si la sonorité vous semble mauvaise, ayez la patience d'attendre la réparation, sinon vous risqueriez d'être découragé par ces inconvénients.

Faites accorder votre piano

Un piano doit être accordé au moins deux fois par an, idéalement trois, même si personne ne s'en est servi.

Un piano accordé régulièrement est agréable à toucher, tant pour le débutant que pour le pianiste accompli. Alors que tout est désagréable à entendre sur un piano faux, la musique la plus simple «sort» bien sur un instrument juste.

Faire accorder un piano, c'est plus qu'en rendre la sonorité agréable. En effet, en accordant l'instrument, on ajuste aussi la tension des cordes. Cela s'avère très important, car les cordes exercent une traction considérable sur la table d'harmonie, qui risque de se distendre ou même de fendre si le piano est insuffisamment ou mal accordé.

COMMENT TROUVER UN BON ACCORDEUR

Les meilleurs accordeurs sont également capables de faire les réparations et les ajustements requis.

La meilleure façon de trouver un accordeur fiable est de demander conseil à quelqu'un qui joue sérieusement du piano. Demandez à un ami, renseignez-vous dans un collège, une école, auprès d'une association de musique, ou même auprès d'un vendeur de piano. Demandez que l'on vous recommande un accordeur à qui ces personnes ont confié leur piano. Vous pouvez également consulter l'annuaire à la section des professions, ou regarder les annonces publicitaires dans les revues et journaux spécialisés.

Prenez rendez-vous et expliquez à l'accordeur ce qui, selon vous, ne va pas. Exigez que l'instrument soit accordé au «LA international», même si cela risque de vous coûter plus cher. Comptez au moins deux heures et choisissez un moment de la journée où votre maison est calme. Cela facilitera le travail du technicien.

Enlevez tout objet sur le piano pour ne pas gêner le travail de l'accordeur.

Il est possible que l'accordeur vous propose d'effectuer certaines réparations ou certains ajustements devenus nécessaires. Mais si votre piano est très vieux ou s'il a subi de mauvais traitements dans le passé, il est peut-être préférable de songer à en acheter un nouveau. Demandez alors conseil à votre accordeur et sollicitez toujours une évaluation approximative le cas échéant.

N'hésitez pas à prendre rendez-vous régulièrement avec votre accordeur, pour l'entretien et la réparation de votre instrument.

L'entretien de votre piano

Si vous suivez les quelques conseils que nous vous donnons ci-dessous, votre piano restera dans un excellent état et vous procurera de nombreuses années de satisfaction.

N'attendez jamais pour faire réparer votre instrument.
Demandez sans tarder à un accordeur qualifié d'ajuster touches, pédales ou marteaux défectueux. Les pièces de la mécanique ne peuvent que se détériorer davantage si vous ne vous en occupez pas à temps. Elles risquent de plus d'en endommager d'autres. Il est bien moins coûteux de faire réparer un piano au moindre problème. On évite ainsi de devoir remplacer plusieurs pièces.

Faites accorder votre piano au moins deux fois l'an au «LA international».
Vous éviterez ainsi des ennuis possibles. En faisant accorder régulièrement votre instrument, vous prolongerez la durée des cordes, qui donneront à l'instrument sa sonorité optimale.

Faire accorder un piano régulièrement ne constitue pas une dépense inutile. Sachez que vous récupérerez bien des fois l'argent dépensé à l'entretien de votre instrument.

N'essayez pas d'accorder, de réparer ou de nettoyer la mécanique vous-même.
Un piano compte plus de mille pièces différentes, dont plusieurs nécessitent un ajustement très spécial. Vous risqueriez de causer des dommages très coûteux en faisant ce genre de tentative. Veuillez laisser le travail purement mécanique à un accordeur qualifié. Sachez cependant que tout ne sera pas ajusté ou nettoyé en une seule séance. Prévoyez, le cas échéant, d'autres rendez-vous.

Nettoyez la caisse et le clavier.
Nettoyez les touches avec un chiffon doux légèrement imbibé d'alcool à brûler. Lorsqu'elles sont sèches, polissez-les avec un chiffon doux et sec.

Cirez la caisse (ou le meuble) avec un produit conçu pour les meubles, à moins d'avis contraire du fabricant. Dans tous les cas, n'employez pas de produits à base de silicone. Ils laissent sur le bois une couche qui ne s'enlève plus. Cela est un inconvénient si vous décidez de faire refaire le fini de la caisse. Évitez les touches, et lavez-vous les mains avant de jouer.

Fermez toujours le piano lorsque vous n'en jouez pas.
Un piano ouvert rendra une meilleure sonorité, mais n'oubliez pas de refermer le couvercle de l'instrument lorsque vous n'en jouez pas, afin d'éviter la poussière. Si vous avez de jeunes enfants, assurez-vous que le piano est bien fermé. Les petits doigts font parfois des ravages!

Ne mettez pas d'objets lourds sur le dessus du piano, ils risquent d'abîmer le vernis.

Ne placez jamais de plantes ou de vases contenant de l'eau sur votre piano; tout liquide pénétrant à l'intérieur de l'instrument risquerait de le détériorer gravement.

Réparations de la caisse.
Faites appel à un réparateur de piano, *non à un ébéniste ordinaire*. La mécanique ne risquera pas d'être endommagée lors de la finition.

Pensez à un déshumidificateur.
Une trop grande humidité ainsi que des changements brusques de température peuvent endommager ou désaccorder rapidement un piano. Le cas échéant, demandez conseil à votre accordeur. Un piano ne doit jamais se trouver près d'un radiateur, car une trop grande sécheresse est tout aussi nuisible.

Attention aux mites et autres insectes.
Les mites et autres insectes peuvent aussi causer des dommages. Prévoyez donc une ou deux boules d'antimite que vous disposerez sur un carton, au fond du piano, en veillant à ce qu'elles ne soient pas en contact avec les parties de la mécanique. Le produit chassera la plupart des insectes susceptibles de pénétrer à l'intérieur de la caisse. Rappelez-vous de toujours fermer le couvercle lorsque vous ne jouez pas.

Discutez avec votre accordeur.
Si votre accordeur sent que vous aimez votre instrument, il se fera sûrement un plaisir de prendre un soin particulier de votre piano. N'hésitez donc pas à lui demander conseil. Les gens de métier donnent volontiers des trucs et des conseils aux clients qu'ils sentent intéressés. Ils vous aideront dans la mesure de leurs disponibilités.

Vous trouverez dans la rubrique qui suit d'autres conseils pour l'entretien de votre piano. Lisez également la rubrique sur l'achat d'un instrument même si vous en possédez déjà un. Certains détails pourront vous être utiles.

Le meilleur emplacement pour votre piano

Idéalement, votre piano devrait se trouver dans une pièce à température constante (21°C), avec un taux d'humidité de 40 p. 100. La pièce devrait être bien insonorisée, pour vous permettre de jouer aussi fort que vous le désirez sans déranger personne. Même si une telle pièce est assez rare, vous saurez, grâce à ces quelques suggestions, installer au mieux votre piano.

Si possible, choisissez une pièce où vous pouvez vous isoler. Il est essentiel de pouvoir s'exercer et faire ses erreurs seul. Le cas échéant, faites-vous un horaire qui convienne à tous.

Tenez compte de votre famille et, s'il le faut, de vos voisins. Un piano «fait du bruit» et s'entend de loin. Évitez de placer votre piano à proximité du mur du salon ou de la chambre à coucher de vos voisins, et ne jouez pas tard le soir. Si besoin est, vous pouvez réduire le son du piano en plaçant un tapis épais en dessous, ou en couvrant le mur derrière un piano droit d'un épais tapis. Vous pouvez éventuellement jouer avec la pédale sourdine, mais cette solution n'est pas très satisfaisante à long terme.

De brusques changements de température ou d'humidité peuvent endommager votre piano et le désaccorder. Choisissez donc un endroit à l'écart des radiateurs, de l'air conditionné et des appareils de chauffage. Évitez également les fenêtres et les portes, à cause des courants d'air, ou encore la lumière du soleil qui risque d'abîmer le vernis et la mécanique. Laissez environ 15 cm entre le dos d'un piano droit et le mur, pour assurer une bonne circulation d'air.

LE DÉMÉNAGEMENT
N'essayez jamais de déménager un piano tout seul, vous risqueriez d'une part de vous faire très mal, et d'autre part d'endommager votre instrument.

Les pianos sont très lourds. Faites appel à des déménageurs spécialisés, si vous devez changer l'instrument d'étage ou d'appartement. Par contre, si vous voulez seulement le changer de pièce, vous pouvez faire appel à des amis qui vous aideront à le pousser. Les pianos à queue nécessitent une manipulation très délicate pour éviter que les pattes ne s'effondrent. Assurez-vous qu'elles sont bien solides et stables *avant* et *après* le déménagement. (Si vous ne connaissez pas de déménageurs de pianos, adressez-vous au magasin où vous avez acheté votre instrument.)

Un mois après le déménagement, faites vérifier si l'instrument est bien accordé.

L'achat d'un piano

Acheter un piano est une grande aventure, surtout s'il s'agit d'une première expérience. Un bon piano représente un investissement qui vous donnera un immense plaisir, et qui fera votre joie et votre fierté pendant de longues années.

Si vous avez commencé vos démarches, vous vous êtes aperçu du choix très vaste qu'offre le marché. Il existe différentes formes, tailles et prix. Certains pianos ont une apparence «standard», d'autres ont un style très spécial, un fini en bois naturel ou peint. Comment faire pour décider de l'instrument qui vous convient le mieux? Avant toute chose, lisez ces quelques bons conseils.

LA DIMENSION. En règle générale, les grands pianos sont les meilleurs instruments, car leur caisse peut contenir de longues cordes et une table d'harmonie de taille respectable, deux éléments essentiels à la qualité et à l'intensité des sons produits. Choisissez donc le plus grand piano correspondant aux dimensions de votre maison.

LES PIANOS À QUEUE. Si vous avez l'espace et les moyens nécessaires, le meilleur choix reste le piano à queue.

Avant toute chose, vérifiez si vous disposez de l'espace requis. Puis, avant de prendre votre décision, relisez les conseils précédents. Les pianos à queue ont généralement les dimensions suivantes:

DIMENSIONS APPROXIMATIVES DES PIANOS À QUEUE

	LONGUEUR	LARGEUR	HAUTEUR
Piano de concert	2,50 m ou plus		
Demi queue	1,80 à 2,25 m	1,50 m	1 m
Crapaud	1,70 m		

Les meilleurs pianos à queue, et aussi les plus grands, sont les pianos de concert. La plupart des pianistes rêvent d'en posséder un, pour la joie qu'il procure et pour la qualité de son timbre. Ce type de piano est malheureusement trop encombrant pour la plupart des maisons.

Le second choix est le piano demi-queue. La plupart de ces instruments sont excellents et bien adaptés à un usage «domestique». En troisième lieu viennent les petits pianos à queue dits «crapauds».

Ne soyez pas découragé si vous ne pouvez avoir un piano à queue chez vous par manque de place. De nombreux pianos droits — parmi les plus grands — ainsi que des pianos d'étude ont une qualité équivalente à celle des petits pianos à queue.

LES PIANOS DROITS. La hauteur totale d'un piano droit est un bon indice de la qualité de l'instrument. Notez que tous les pianos droits occupent approximativement le même espace au sol — soit environ 1,50 m sur 30 cm — à l'exception de l'épinette de soixante-quatre notes qui est plus étroite.

DIMENSIONS APPROXIMATIVES DES PIANOS DROITS

	HAUTEUR	LONGUEUR	LARGEUR
Piano entier	1,20 m ou plus		
D'étude	1,12 à 1,08 m	1,50 m	60 cm
	1 à 1,08 m		
	90 à 96 cm		
Clavier de 64 notes	90 à 96 cm	1,08 m	60 cm

Votre premier choix, en ce qui concerne la qualité musicale, sera un piano droit entier, ou un piano droit d'étude. Vient ensuite la «console», qui est une sorte de compromis «financier», car ce genre de piano tient plus du meuble que de l'instrument de musique de qualité.

Les épinettes, et en particulier celles qui ne comptent que soixante-quatre notes, viennent en fin de liste. Ces pianos ne sont pas assez grands pour abriter une mécanique adéquate, une table d'harmonie assez grande, ni des cordes assez longues pour être retenus ici du point de vue de la puissance et de la sonorité. De plus, le clavier n'a pas les quatre vingt-huit notes d'un piano «entier».

RENSEIGNEZ-VOUS BIEN AVANT D'ACHETER. Allez dans plusieurs magasins et comparez le plus de pianos possible, même si vous ne jouez pas encore. Vous apprendrez beaucoup en discutant avec les personnes qualifiées, ainsi qu'en lisant les brochures offertes par les fabricants.

Les meilleurs endroits sont les magasins de musique spécialisés. Un bon détaillant comprendra ce que vous cherchez et vous aidera à faire votre choix sans vous presser. Consultez l'annuaire téléphonique à la rubrique «instruments de musique», les magazines et journaux spécialisés, ou encore votre quotidien.

Si vous le pouvez, choisissez les jours de semaine pour faire ces démarches. Les vendeurs auront plus de temps à vous consacrer. Visitez le plus grand nombre de dépositaires pour vous faire une bonne idée de ce qu'offre le marché et choisissez ceux qui sont fiers de la qualité de leurs instruments. Ils seront vos meilleurs conseillers.

Demandez à voir l'intérieur du piano qui vous intéresse, et n'hésitez pas à demander toutes les explications nécessaires.

LE PRIX. Les experts en la matière vous conseilleront toujours d'opter pour un piano de qualité. Un piano est un investissement à long terme. Si vous achetez un instrument de qualité et si vous en prenez soin, il durera de quarante à cinquante ans. Pensez-y avant de fixer le prix que vous voulez payer. Tous les pianos sont coûteux. Sachez aussi qu'un bon piano n'est pas nécessairement beaucoup plus cher qu'un piano médiocre, et qu'un piano de qualité revient généralement moins cher à long terme: un bon piano durera plus longtemps et nécessitera moins d'entretien.

N'achetez pas n'importe quel piano sous prétexte qu'il est moins cher. Dites-vous que la qualité risque d'avoir été sacrifiée. Si vous devez choisir entre deux pianos de prix identique, achetez celui qui possède la meilleure mécanique, et non celui qui a la caisse la plus sophistiquée. (Les critères qui vous aideront à juger de la qualité d'un piano sont énumérés plus loin.)

Si vous ne pouvez pas vous permettre d'acheter un piano neuf, achetez-en un d'occasion. Vous pouvez également en louer un — certains magasins vous le proposeront — ou bien apprendre à jouer du piano dans une école, ce qui est une bonne solution si vous pouvez y aller assez souvent.

LES PIANOS D'OCCASION. On peut parfois trouver de bons pianos à des prix raisonnables. Les pianos à queue vendus pour cause de déménagement sont particulièrement intéressants. Vous devez toutefois vérifier attentivement l'état de l'instrument.

Certains magasins vendent des pianos d'occasion; soyez vigilant! Le meilleur conseil est de ne retenir que les pianos pratiquement neufs, ou encore les instruments qui viennent d'être entièrement remis à neuf par un réparateur professionnel.

N'achetez pas un piano qui a servi dans une école, dans une église ou dans quelque lieu public. Ce sont des instruments sur lesquels on a évidemment beaucoup joué. Évitez également les pianos qui ont plus de vingt ans, sauf s'il s'agit d'instruments entièrement remis à neuf.

Si vous ne passez pas par un magasin, demandez à un accordeur professionnel d'inspecter le piano. Le prix que vous paierez pour ce service en vaut la peine, car vous aurez une bonne évaluation de l'instrument. Par ailleurs, un professionnel pourra éventuellement vous indiquer de bons pianos d'occasion en vente dans votre quartier. (Voir plus haut comment trouver un accordeur.)

Si le piano nécessite quelques réparations, faites-les faire avant l'achat ou, tout au moins, obtenez un devis. Sans ces précautions, votre «bonne affaire» risquerait de vous revenir aussi cher qu'un piano neuf.

Voici d'autres points à surveiller qui vous aideront à juger de la qualité d'un piano:

LE POIDS. Ce sont généralement les pianos les plus lourds qui sont les meilleurs. Ils durent plus longtemps et restent mieux accordés. Une grande partie du poids de l'instrument vient du cadre en fonte qui supporte la tension des cordes. Ce cadre doit être très résistant pour éviter une distorsion qui désaccorderait l'instrument.

Ne vous laissez pas convaincre d'acheter un piano léger, même s'il semble meilleur marché. Ce genre d'instrument doit être accordé plus souvent, et vous perdriez au change.

LES TOUCHES. Le clavier se compose de quatre-vingt-huit notes — cinquante-deux blanches et trente-six noires. Un clavier au registre moins étendu limiterait votre jeu.

LA MÉCANIQUE. Si vous songez à un piano droit, nous vous conseillons un piano muni d'une mécanique à double échappement. (On appelle «mécanique» l'ensemble des pièces mobiles qui permettent aux marteaux de frapper les cordes lorsqu'on actionne les touches.)

C'est la mécanique la plus courante des pianos droits, pianos d'étude et «consoles». Le toucher doux, léger, facile est plus résistant que les autres, et nécessite souvent moins d'ajustements que les mécaniques de certains pianos plus petits. Renseignez-vous sur le type de mécanique des pianos qui vous intéressent. (Cette remarque ne vaut que pour les pianos droits, les pianos à queue ayant une mécanique différente.)

LES CORDES. Un piano doit avoir environ deux cent trente cordes: deux cordes filées de cuivre pour chaque note des basses les plus graves, et trois cordes en acier pour chacune des notes les plus aiguës.

LES MARTEAUX. Même s'il n'existe pas un grand choix de marteaux, évitez les pianos munis de marteaux traités chimiquement et censés être «inusables». Ils sont généralement beaucoup trop durs pour donner à l'instrument la sonorité douce et agréable qu'il doit avoir.

LA TABLE D'HARMONIE. La dimension et la qualité de la table d'harmonie sont les deux facteurs importants en ce qui concerne la puissance et le timbre de l'instrument. Une bonne table d'harmonie doit être grande et bien incurvée, et être faite des meilleurs matériaux. Les experts s'accordent généralement pour dire que les meilleures tables sont en bois d'épinette à grain fin, et non en contre-plaqué, comme certains pianos commerciaux.

LES PÉDALES. Tous les pianos possèdent au moins deux pédales, certains trois. Vérifiez-en le bon fonctionnement, qui doit être doux et silencieux. Remarque: en général il n'est pas nécessaire de payer plus cher pour la pédale centrale, car elle n'est que rarement utilisée.

LE TIMBRE. Le timbre d'un piano est essentiel. C'est le critère sur lequel on jugera de tout l'instrument. Un bon piano a un timbre doux et rond — jamais il n'est clinquant ou discordant.

Demandez que l'on vous fasse la démonstration de plusieurs pianos de taille et de style identiques, couvercle relevé. C'est dans les graves et les aigus que la différence de qualité est la plus évidente. Les graves doivent être profonds et de bonne résonnance, les aigus doivent être clairs et agréables. Le meilleur piano est très certainement celui qui aura les graves et les aigus les plus clairs, et la sonorité la plus douce.

Un piano doit avoir une sonorité égale sur toute l'étendue du clavier. Jouez toutes les notes, en commençant par les graves, à l'extrême gauche du clavier, et en progressant, touche par touche, jusqu'aux aiguës. On ne doit pas entendre de changements brusques de timbre ou d'intensité en passant d'une note à l'autre.

LA CAISSE DU PIANO (LE MEUBLE). Cette partie du piano vient en dernier sur notre liste, car elle est la moins importante lors de l'achat de l'instrument. La caisse n'a pas d'incidence réelle sur l'instrument proprement dit. C'est un meuble qui peut avoir toutes sortes de styles — moderne, classique, français, etc. Plus le design est élaboré, plus le prix est élevé, mais sachez que ce n'est pas la caisse qui fait la qualité d'un piano.

Choisissez le style qui vous convient le mieux, mais méfiez-vous des pianos qui ont belle apparence: ils cachent parfois une mécanique médiocre, qui risque de revenir plus cher qu'un piano de bien meilleure qualité. Méfiez-vous aussi des styles très élaborés. Ils se démoderont vite, et réduiront d'autant la valeur marchande de votre instrument.

La qualité de la finition est cependant d'importance, car votre piano doit être conçu pour durer de nombreuses années. Les meilleures caisses sont en bois dur recouvert de deux couches ou plus de placage, ce qui assure une bonne résistance, et de plusieurs couches de vernis ou de laque.

Ces quelques conseils devraient vous aider à choisir le piano le plus intéressant pour le prix que vous vous êtes fixé. En voici quelques autres:

Insistez pour acheter le piano que vous avez vu et essayé dans le magasin.

Vous savez qu'il est de bonne qualité, et vous avez de plus la certitude qu'il a eu le temps de s'«ajuster» à un environnement normal. N'acceptez aucun instrument que vous n'avez ni vu ni essayé. Le soi-disant «piano de rêve qui est encore dans son emballage» est peut-être dans un entrepôt humide, ou il peut prendre des mois à vous parvenir de l'usine.

Faites vérifier si votre piano est accordé.
Le piano doit être accordé au «LA international» lors de l'achat. Demandez au vendeur de vérifier en votre présence si l'instrument est bien accordé. Il le fera sans peine à l'aide d'un diapason.

Assurez-vous que votre piano a bien le banc ou le tabouret adéquat.

Exigez une garantie écrite.
Chaque piano neuf doit avoir sa garantie imprimée, ainsi qu'un manuel du fabricant explicitant le mode d'entretien de l'instrument. De retour chez vous, lisez attentivement ces instructions et assurez-vous de bien suivre les recommandations. Vous ne risquerez pas ainsi d'invalider la garantie du fabricant ou du détaillant.

Demandez un reçu écrit.
Insistez pour avoir un reçu, que votre piano soit neuf ou d'occasion, et conservez ce papier dans un lieu sûr. Votre compagnie d'assurance pourrait éventuellement vous le réclamer.

Veillez à ce que votre piano soit bien livré et accordé.
Demandez que votre piano vous soit livré rapidement; arrangez-vous aussi pour qu'il soit réaccordé un mois après la livraison; c'est le temps qu'il faut à l'instrument pour s'ajuster à son nouvel environnement. Renseignez-vous pour savoir si cette première visite de l'accordeur, ainsi que tout ajustement initial, sont compris dans le prix d'achat. C'est souvent le cas.

(Après la première visite de l'accordeur, le piano devrait être réaccordé tous les mois pendant la première année, à moins d'avis contraire du fabricant.)

Augmentez votre police d'assurance.
De retour chez vous, téléphonez à votre assureur pour lui fournir tous les détails pertinents qui permettront de protéger adéquatement votre piano. Certains magasins offrent à leurs clients un assurance spéciale.

Votre première leçon

Il est très important de *bien* vous asseoir, et de *bien* placer vos bras et vos mains. La qualité et l'aisance de votre jeu en dépendent. Asseyez-vous dos bien droit, légèrement penché vers l'avant, les épaules décontractées.

Bras verticaux, avant-bras et mains dessinent une ligne horizontale lorsque vos doigts reposent sur le clavier.

Le plus important est de vous sentir à l'aise et détendu lorsque vous vous asseyez au piano.

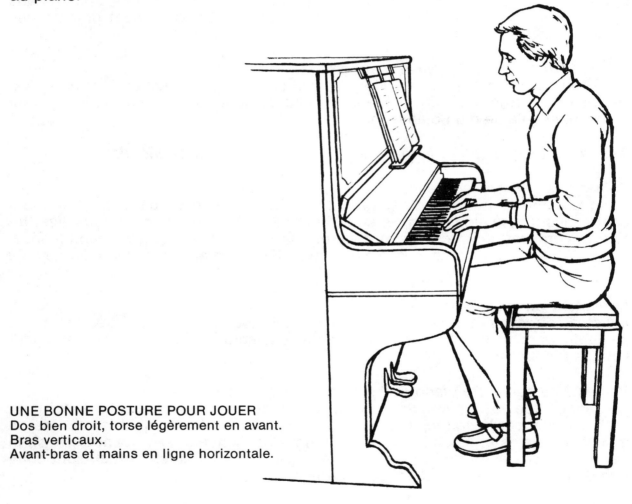

UNE BONNE POSTURE POUR JOUER
Dos bien droit, torse légèrement en avant.
Bras verticaux.
Avant-bras et mains en ligne horizontale.

Placez cet ouvrage sur le porte-musique et asseyez-vous face au milieu du clavier. Ajustez votre siège, d'avant en arrière, jusqu'à ce que vos bras soient verticaux lorsque le bout de vos doigts repose sur les touches. Utilisez un coussin ferme si le siège est trop bas, de sorte que vos avant-bras et vos mains soient droits et à l'horizontale. *Ensuite, lisez.*

AU CLAVIER

Asseyez-vous face au centre du clavier, comme nous venons de le voir, et continuez à lire les instructions. Veillez à ce que votre siège soit dans la bonne position et surveillez votre posture. Pour l'instant, contentez-vous de placer vos mains sur vos genoux. Vous devez être confortablement assis. Vous apprendrez plus vite et jouerez mieux si vous êtes détendu.

Les touches noires et blanches alternent de façon régulière sur le clavier. Les touches blanches couvrent tout le clavier, tandis que les noires se trouvent regroupées alternativement en séries de deux et trois touches. *Observez le clavier, et comptez chaque groupe de touches noires, de gauche à droite.* Les touches noires forment un motif régulier «deux noires, trois noires» au sein des touches blanches.

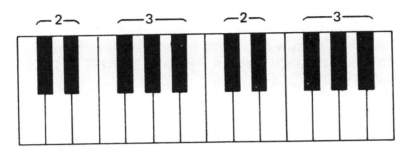

Cette alternance permet de retrouver toutes les notes du clavier.

Exemple: La touche blanche située à GAUCHE de chaque groupe de DEUX TOUCHES NOIRES est un DO.

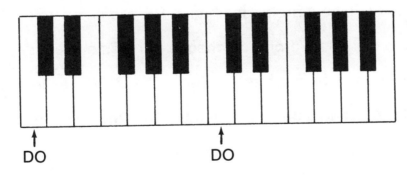

DO   DO

Trouvez un DO sur le clavier, enfoncez du bout du doigt la touche correspondante. Puis jouez tous les DO.

Servez-vous d'un doigt de la main droite pour jouer les DO aigus qui se trouvent à la droite du clavier, et d'un doigt de la main gauche pour jouer les DO graves situés à l'autre extrémité. Vos doigts doivent être légèrement recourbés, comme l'illustre la figure suivante.

JOUEZ DU BOUT DES DOIGTS — VOS DOIGTS DOIVENT ÊTRE LÉGÈREMENT RECOURBÉS

Les notes correspondant aux touches blanches sont:

DO   RÉ   MI   FA   SOL   LA   SI

Puis on recommence. Chaque huitième note porte le même nom. En effet, ces notes ont un son très identique, mais APPARTENANT À DES OCTAVES PLUS GRAVES OU PLUS AIGUËS.

Jouez un DO. Puis le DO suivant, vers la droite. Remarquez la similarité de ces deux notes.

Mémorisez la position des DO; ainsi, vous pourrez trouver toutes les autres notes.

RÉ est la touche blanche à droite de chaque DO. Trouvez et jouez tous les RÉ. (Sur un piano standard, il y en a sept.)

MI est la touche blanche à droite de chaque RÉ. Même exercice.

FA est la touche blanche à droite de chaque MI. Même exercice.

SOL est la touche blanche à droite de chaque FA. Même exercice.

LA est la touche blanche à droite de chaque SOL. Même exercice.

SI est la touche blanche à droite de chaque LA. Même exercice.

Enfin, DO est la touche blanche à droite de chaque SI. (Souvenez-vous qu'après SI on reprend à DO.)

Retenez que chaque note occupe toujours la même place à l'intérieur du motif des touches noires et blanches. Avec un peu de pratique, vous la repérerez facilement.

Trouvez et jouez chaque note à partir de la figure suivante:

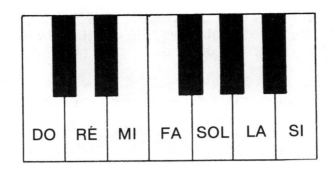

DO est toujours à GAUCHE de chaque groupe de DEUX touches noires.

RÉ est toujours au MILIEU de chaque groupe de DEUX touches noires.

MI est toujours à DROITE de chaque groupe de DEUX touches noires.

FA est toujours À GAUCHE de chaque groupe de TROIS touches noires.

SOL et LA se suivent toujours à l'intérieur de chaque groupe de TROIS notes noires, LA étant situé à droite de chaque SOL.

Enfin, SI est situé à DROITE de chaque groupe de TROIS touches noires.

En partant de DO, jouez les notes sur chaque touche blanche, en allant vers la droite, l'une après l'autre. Nommez chacune d'elles en jouant, et observez bien sa position par rapport aux groupes de touches noires et blanches.

DO RÉ MI FA SOL LA SI DO

GAMME DE DO ASCENDANTE

À présent, jouez les mêmes notes, mais en sens inverse. Nommez-les en jouant.

GAMME DE DO DESCENDANTE

DO SI LA SOL FA MI RÉ DO

Comme vous le savez, l'intensité des notes dépend de la force de votre jeu. La plupart du temps, elle sera moyenne, c'est-à-dire ni trop forte, ni trop douce. Tâchez aussi de jouer de façon égale.

Petit truc: gardez chaque touche enfoncée avant d'attaquer la suivante. Chaque note durera plus longtemps et votre jeu sera plus doux.

À présent, jouez la gamme aussi doucement et également que possible. Commencez par une gamme ascendante, avec un doigt de la main droite, puis jouez une gamme descendante avec un doigt de la main gauche. Nommez chaque note en la jouant.

Puis jouez les mêmes notes, mais dans un ordre différent:

DO MI SOL FA SOL LA SI SOL RÉ DO

JOUEZ EN MESURE.
Bien décontracté, prêt à jouer, commencez par compter lentement et de façon égale:

<u>1</u> — 2 — 3 — 4 — <u>1</u> — 2 — 3 — 4 — <u>1</u> — 2 — 3 — 4 —

Le premier temps doit être légèrement marqué. Si vous le voulez, vous pouvez battre la mesure avec votre pied, tout en comptant.

Avec un doigt de la main droite, jouez une note sur chaque premier temps.

Lorsque vous jouerez sans hésitation, jouez sur le premier et le troisième temps. Enfin, en comptant très lentement et de façon égale, jouez la note sur chacun des temps de la mesure. Faites exactement le même exercice avec un doigt de la main gauche.

À présent, essayez de jouer des notes différentes en suivant la mesure. Commencez avec un doigt de la main droite, puis pratiquez avec un doigt de la main gauche:

JOUEZ: DO RÉ MI FA SOL FA MI RÉ DO_____
COMPTEZ: <u>1</u> 2 3 4 <u>1</u> 2 3 4 <u>1</u> 2 3 4

Laissez votre doigt sur le dernier DO, de façon à ce que la note se prolonge, et comptez les quatre temps suivants.

Vous venez de voir plusieurs points importants. Relisez cette section lors de votre prochain exercice.

Vos premiers morceaux

Vous êtes maintenant en mesure de jouer quelques morceaux.

Vos premiers morceaux s'exécutent tous sur les touches blanches situées au centre du clavier.

Trouvez et jouez le DO qui se trouve le plus au centre. Ce DO «central» se trouve juste en face de vous, à gauche du groupe de deux touches noires, lorsque vous êtes assis dans la position correcte.

Jouez ce DO ainsi que les sept notes «blanches» à sa droite en utilisant un doigt de la main droite. Nommez chaque note.

Même exercice, mais vers la gauche, avec un doigt de la main gauche.

Vous venez de jouer trois DO, deux RÉ, deux MI et ainsi de suite. Lorsqu'on joue des morceaux, il est essentiel de connaître les notes. Pour le moment, nous utiliserons des lettres minuscules pour le DO central ainsi que pour les notes situées à sa droite, et des majuscules pour désigner les notes à gauche du DO central.

NOTES SITUÉS AU CENTRE DU CLAVIER

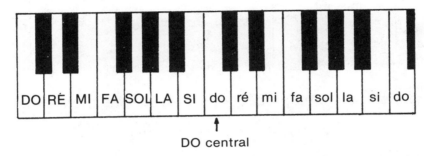

Utilisez ce schéma pour trouver les notes des morceaux qui suivent. (La huitième note au-dessus du DO central porte une apostrophe pour vous aider à la distinguer du DO central.)

Comptez lentement et régulièrement, marquez les temps avec votre pied, et jouez l'air qui suit. Remarquez les barres séparant chaque groupe de quatre mesures. Elles facilitent la lecture des notes et de la mesure. Ne ralentissez pas en voyant ces barres. Battez lentement la première mesure pour régler votre cadence.

PREMIER MORCEAU
À jouer avec un doigt de la main droite.

La double barre indique la fin du morceau.(‖)

(Avez-vous joué correctement sol et la? Ces deux notes sont voisines, comme l'indique le schéma du clavier.)

Dans les morceaux suivants, certaines notes durent plus longtemps. Cela ne devrait pas vous causer de problème si vous comptez lentement et régulièrement, et si vous jouez bien en mesure. (Gardez chaque touche enfoncée avant d'attaquer la suivante. Chaque note durera ainsi le nombre exact de battements.)

LE MOIS DE MAI
Chanson folklorique. Voyez comme les mots s'adaptent bien à la mélodie. Comptez lentement en accentuant le premier temps.

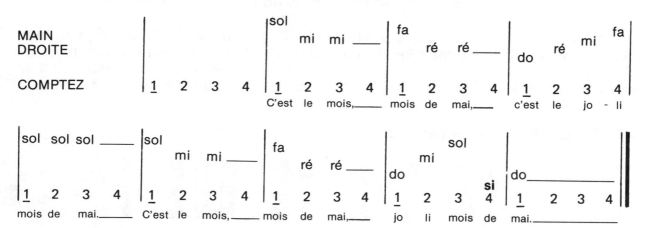

Nous avons repris le schéma précédent pour vous faciliter la tâche.

NOTES SITUÉES AU CENTRE DU CLAVIER

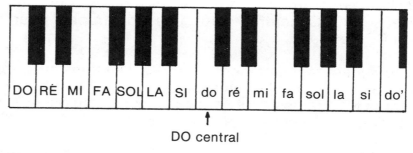

DO central

AU CLAIR DE LA LUNE
Folklore français. Jouez avec un doigt de la main gauche.

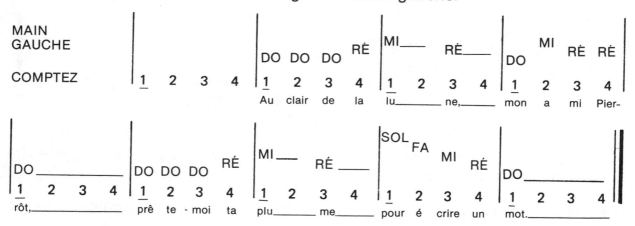

AH! VOUS DIRAI-JE MAMAN

Petite mélodie de Mozart. Jouez avec un doigt de la main droite.

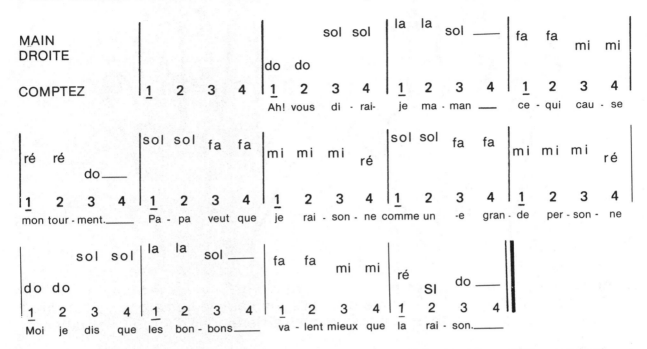

Répétez ces airs jusqu'au moment où vous les jouerez sans difficulté, bien en mesure.

Jouez avec vos dix doigts

Cette étape va vous permettre de jouer de façon plus liée, et vous pourrez également commencer à jouer mains ensemble.

Soyez désormais particulièrement détendu et patient avec vous-même, car vous allez vous servir de vos dix doigts. Suivez bien les instructions et les conseils qui suivent, et assurez-vous de jouer correctement toutes les notes avant de poursuivre.

NUMÉROTAGE DES DOIGTS

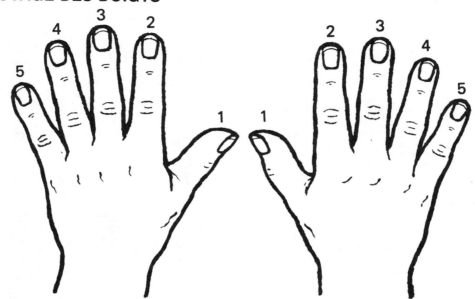

On numérote chaque doigt. Le pouce est le numéro 1, l'index le numéro 2, le majeur le numéro 3, l'annulaire le numéro 4, et l'auriculaire le numéro 5. (Il faut savoir que ce numérotage est propre au piano, et qu'il diffère pour d'autres instruments.)

PRENEZ SOIN DE VOS MAINS
Ayez les ongles plutôt courts pour ne pas taper sur les touches. Ils ne devraient pas dépasser le bout de vos doigts.

Ayez les mains propres avant de jouer; les touches doivent rester propres. Ne jouez jamais les mains froides; vos doigts seraient raides.

Étirez vos doigts avant de jouer. Vous gagnerez en souplesse en faisant ce petit exercice: serrez les poings, puis relâchez vos doigts en les étendant au maximum.

Assis bien détendu, déposez légèrement votre main droite sur les touches, comme sur l'illustration ci-contre. Placez votre pouce (1) sur le DO central, votre index (2) sur le ré, votre majeur (3) sur le mi et ainsi de suite. (Pour l'instant, votre main gauche repose sur votre genou.)

Votre main droite doit être complètement détendue, et reposer légèrement sur le clavier, sans enfoncer aucune touche. Recourbez chaque doigt, légèrement, mais gardez le pouce tendu.

Jouez le DO central plusieurs fois, en levant et en abaissant lentement le pouce (1), en comptant: 1 2 3 4 1 2 3 4.

Ensuite, enfoncez votre index (2) et jouez la note ré. Puis, tout en relevant lentement l'index, *appuyez votre majeur (3) sur mi*. Répétez cet exercice plusieurs fois — ré mi ré mi — en comptant: 1 2 3 4 1 2 3 4. Vos doigts doivent donner l'impression de «marcher» sur le clavier, le son doit être doux et lié.

Détendez votre main droite, et placez-la sur votre genou avant de passer à la main gauche.

Placez votre pouce gauche (1) sur la touche SOL, l'index (2) sur FA, le majeur (3) sur MI etc., comme sur l'illustration ci-dessous.

Jouez plusieurs fois SOL avec votre pouce gauche (1) tout en comptant la mesure.

Ensuite, jouez MI FA MI FA plusieurs fois avec votre majeur (3) et votre index (2) en passant doucement d'une touche à l'autre, et en comptant: 1 2 3 4 1 2 3 4.

EXERCEZ VOS DOIGTS
Faites l'exercice suivant afin d'habituer vos doigts à bouger indépendamment les uns des autres. Faites bouger vos doigts l'un après l'autre sur les touches. Jouez mains séparées au début, puis mains ensemble. Commencez très lentement et essayez d'obtenir un son d'intensité égale.

MAIN DROITE

DOIGT	1	2	3	4	5	4	3	2	1
NOTE	do	ré	mi	fa	sol	fa	mi	ré	do

MAIN GAUCHE

DOIGT	1	2	3	4	5	4	3	2	1
NOTE	SOL	FA	MI	RÉ	DO	RÉ	MI	FA	SOL

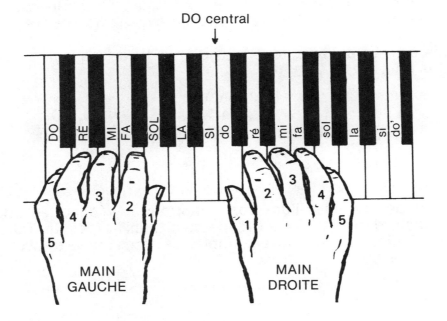

MAINS ENSEMBLE

LES DOIGTS REPOSENT LÉGÈREMENT SUR LES TOUCHES

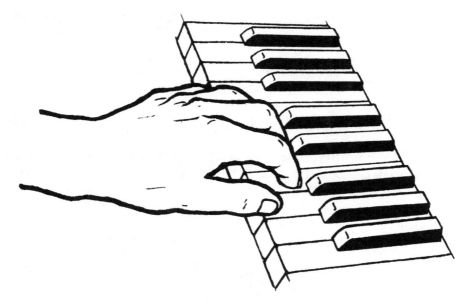

POUCE TENDU, LES QUATRE AUTRES
DOIGTS LÉGÈREMENT RECOURBÉS
JOUEZ DU BOUT DES DOIGTS

IMPORTANT

Vous pouvez faire cet exercice quand vous le voulez, même si vous n'êtes pas au piano. Placez vos doigts doucement sur une surface dure et faites-les bouger l'un après l'autre, bien en mesure. Faites les exercices d'assouplissement avant et après chaque séance d'entraînement. Ils sont excellents pour les jointures.

Jouez le morceau suivant avec tous vos doigts. Placez vos mains dans la position indiquée plus haut.

	MAIN GAUCHE					MAIN DROITE				
DOIGTS	5	4	3	2	1	1	2	3	4	5
				POUCE		POUCE				
NOTES	DO	RÉ	MI	FA	SOL	do	ré	mi	fa	sol

Jouez chacune de ces notes l'une après l'autre pour «échauffer» vos doigts. Ensuite, jouez main droite seule, en respectant bien la mesure. Puis jouez main gauche seule. Enfin, jouez, mains ensemble, les notes qui se trouvent les unes au-dessus des autres.

VIVE LE VENT — Chant de Noël de James Pierpoint

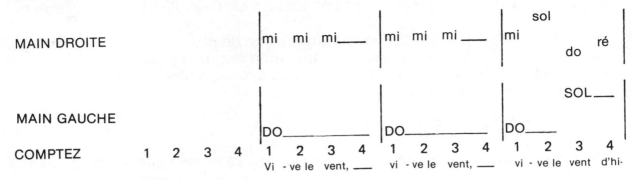

Ne regardez pas les touches. Si vos doigts sont dans la bonne position et si votre doigté est correct, vous jouerez les bonnes notes. Chantez ou fredonnez les premières notes avant de jouer. Respectez bien la mesure.

Comment vous exercer

Tâchez de vous exercer au moins vingt minutes par jour. Des exercices réguliers et quotidiens valent mieux que des exercices de plusieurs heures une ou deux fois par semaine. Plus vous jouerez souvent, plus vous améliorerez votre jeu, et plus vous aimerez et apprécierez vos exercices.

Choisissez des moments où vous êtes seul pour vous exercer. Cette solitude est essentielle à un bon apprentissage.

Armez-vous de patience. Jouez chaque morceau correctement, sans hâte, en respectant la mesure, puis passez au morceau suivant. Efforcez-vous d'apprendre une pièce nouvelle par semaine, même si elle est simple.

Commencez par jouer lentement. Lorsque vous jouerez sans faire d'erreur, augmentez la vitesse. Sachez que vous ne jouerez jamais correctement si vous essayez de jouer trop vite au début.

Soyez toujours détendu en jouant. Laissez vos doigts se reposer de temps en temps, arrêtez-vous si vous ressentez une tension ou une raideur dans les doigts.

Ne vous découragez pas si vous avez l'impression de progresser trop lentement. Ce qui compte, c'est de vous exercer régulièrement, d'apprendre de nouveaux morceaux et de toujours essayer de vous améliorer. Votre jeu ne pourra que s'améliorer graduellement.

Planifiez vos exercices comme suit:

1. Pliez vos doigts pour les assouplir. Réchauffez-vous les mains si besoin est.

2. Faites les exercices d'assouplissement indiqués précédemment. Cela vous aidera à acquérir un meilleur contrôle. Jouez doucement et régulièrement.

3. Jouez un morceau nouveau ou un passage dont vous n'êtes pas encore sûr. Si un passage ralentit votre rythme, travaillez-le séparément quelques minutes chaque jour. Puis reprenez le morceau en entier et exécutez-le sans interruption.

4. Terminez par des morceaux que vous connaissez déjà. Essayez d'améliorer votre jeu en corrigeant d'éventuelles erreurs, même lorsque vous jouez pour vous amuser. Ainsi, vous ne risquerez pas de prendre de mauvaises habitudes.

Apprendre à lire la musique

Apprendre à lire une partition est beaucoup plus facile qu'on le pense. Il n'y a à cela rien de bien mystérieux. Une partition n'est qu'une série d'instructions qui indiquent comment jouer une pièce de musique. Les différents signes utilisés indiquent les notes à jouer, la manière de les jouer et leur temps ainsi que leur durée.

Vous en savez déjà beaucoup plus que vous ne pensez à ce sujet. Vous connaissez le nom des notes correspondant aux touches blanches du clavier et vous avez appris à les jouer en respectant une mesure. Le reste n'est pas difficile.

Il est certain que vous pourriez jouer du piano sans apprendre à lire la musique mais, même si vous êtes particulièrement doué, vous vous limiteriez à jouer des morceaux simples. Par contre, en lisant la musique, vous pouvez apprendre plus facilement, plus rapidement et plus rigoureusement de nouveaux morceaux en consacrant un peu de votre temps à ce nouvel apprentissage. Commencez dès maintenant.

L'ÉCRITURE MUSICALE
Les notes figurent sur un ensemble de lignes que l'on appelle des «portées». Chaque ligne et chaque intervalle de la portée correspondent aux degrés de l'échelle musicale. Il y a progression; plus on va vers le haut, plus la note est aiguë.

La musique pour piano est écrite sur deux portées, reliées par une accolade. Ces portées sont nécessaires à cause du grand nombre de notes existant sur un piano.

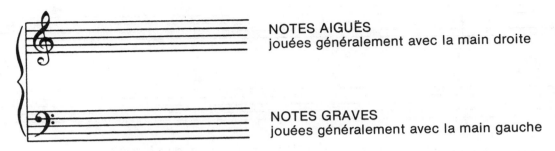

NOTES AIGUËS
jouées généralement avec la main droite

NOTES GRAVES
jouées généralement avec la main gauche

La portée du haut est destinée aux notes situées à droite du clavier, généralement jouées par la main droite.

La portée du bas est destinée aux notes situées à gauche du clavier, et généralement jouées par la main gauche. (Les notes qui se trouvent au centre du clavier peuvent être écrites sur l'une ou l'autre portée, comme nous allons le voir.) Au début de chaque ligne de musique, il y a un signe que l'on appelle une «clé».

pour la portée supérieure de la musique écrite pour le piano, et 𝄢 pour la portée inférieure.

Les clés permettent de «lire» véritablement chaque note de la portée. La clé de sol indique que la note «sol» occupe la deuxième ligne en partant du bas.

CLÉ DE SOL

Position du sol
sur la 2e ligne

Il suffit de retenir la place qu'occupe le «sol» pour trouver toutes les autres notes généralement jouées par la main droite:

le «sol» est donc sur la deuxième ligne; la note qui lui est immédiatement supérieure, le «la», occupe l'intervalle au-dessus, le «SI» est sur la ligne du milieu, et ainsi de suite. En allant vers le grave, le «FA» est dans l'intervalle au-dessous du «SOL», le «MI» est sur la ligne de dessous et le «RÉ» est sous la première ligne. Enfin, la note inférieure, le DO central, repose sur une petite ligne supplémentaire juste en dessous de la portée.

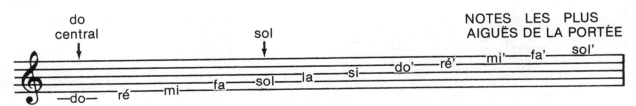

do
central

sol

NOTES LES PLUS
AIGUËS DE LA PORTÉE

Voici comment ces notes apparaissent sur une partition musicale:

Les queues — ou hampes — peuvent être dirigées vers le haut ou vers le bas. Cela n'affecte pas la valeur des notes.

En les nommant, jouez toutes les notes avec un doigt de la main droite. Commencez par le DO central et jouez chaque note correspondant à une touche blanche, vers la droite. L'autre clé correspondant à la portée du bas de la musique pour piano s'appelle la clé de fa.

🎝 — indique la position de la note fa sur la quatrième ligne en partant du bas.

CLÉ DE FA

POSITION DE LA NOTE FA
SUR LA QUATRIÈME LIGNE

En retenant la position du «FA», vous pouvez retrouver toutes les notes habituellement jouées par la main gauche.

Le «FA» se trouve sur la quatrième ligne en partant du bas, le «SOL» occupe le quatrième interligne en haut de la portée, le «LA» repose sur la cinquième ligne. En descendant, le «MI» occupe le troisième interligne, le «RÉ» est sur la troisième ligne, etc.

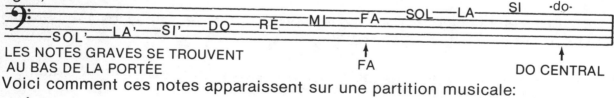

LES NOTES GRAVES SE TROUVENT
AU BAS DE LA PORTÉE

FA

DO CENTRAL

Voici comment ces notes apparaissent sur une partition musicale:

SOL'   LA'   SI'   DO   RÉ   MI   FA   SOL   LA   SI   CENTRAL DO

En les nommant, jouez toutes les notes avec un doigt de la main gauche.

Comme vous l'avez sans doute remarqué, le DO central apparaît à la fois sur une ligne supplémentaire au-dessous de la portée du haut et sur une ligne supplémentaire au-dessus de la portée du bas. Cette note apparaît sur les deux portées car elle peut être jouée indifféremment par les deux mains.

DO CENTRAL
joué par la main roite

DO CENTRAL
joué par la main gauche

Vous pouvez jouer les morceaux suivants avec les notes illustrées ici. Posez légèrement vos doigts sur les touches. Assurez-vous que chaque doigt repose sur la bonne touche. Votre pouce droit doit se trouver sur le DO central, votre pouce gauche sur le SOL. Jouez les notes une à une.

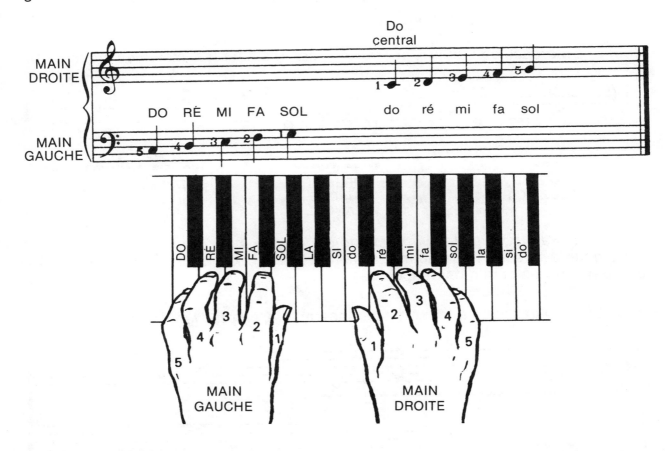

Les chiffres indiquent les doigtés pour chaque main.

Essayez de ne regarder que votre partition en jouant. Placez vos mains sur le clavier et concentrez-vous à déchiffrer les notes tout en enfonçant le doigt indiqué, toujours sans regarder vos mains.

LE MIROIR

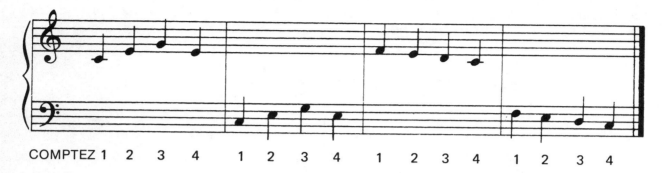

COMPTEZ 1 2 3 4   1 2 3 4   1 2 3 4   1 2 3 4

Comme vous le savez maintenant, les notes n'ont pas toutes la même durée. En musique, les *figures* de notes indiquent leur durée.

♩ est une noire. Elle vaut 1 temps.

♩ est une blanche. Elle vaut 2 temps.

o est une ronde. Elle vaut 4 temps.

Jouez ce morceau en mesure, et procédez comme pour les exercices précédents.

COMPTEZ 1   2   3   4   1   2   3   4   1   2   3   4

DURÉE DE
CHAQUE NOIRE

DURÉE DE
CHAQUE
BLANCHE

DURÉE DE CHAQUE
RONDE

Jouez cet exercice avec le quatrième doigt de votre main droite tout en comptant lentement la mesure. Ne relâchez pas la touche avant de jouer la note suivante. La durée des notes sera ainsi respectée.

Ensuite, préparez-vous à jouer mains ensemble. *Comptez lentement.*

COMPTEZ 1 2 3 4   1 2 3 4   1 2 3 4   1 2 3 4

Assurez-vous que votre jeu est doux et que vous ne ralentissez pas aux barres de mesure. *Jouez l'exercice suivant mains ensemble. Rappel: les notes qui se trouvent les unes au-dessus des autres doivent être jouées simultanément.*

COMPTEZ 1　2　3　4　　1　2　3　4　　1　2　3　4　　1　2　3　4

Vous êtes prêt à jouer ce morceau, en mettant en pratique ce que vous avez appris jusqu'à présent.

HYMNE À LA JOIE de Beethoven

Remarquez que la première, la deuxième et la quatrième portées sont presque identiques. Seules les fins diffèrent. Placez vos mains correctement et comptez lentement *1* 2 3 4 avant de commencer.

COMPTEZ 1　2　3　4　　1　2　3　4　　1　2　3　4　　1　2　3　4

1　2　3　4　　1　2　3　4　　1　2　3　4　　1　2　3　4

1　2　3　4　　1　2　3　4　　1　2　3　4　　1　2　3　4

1　2　3　4　　1　2　3　4　　1　2　3　4　　1　2　3　4

À LA CLAIRE FONTAINE

Chanson de folklore. Placez bien le pouce de la main droite sur le DO central, et le cinquième doigt de la main gauche sur le DO une octave plus bas.

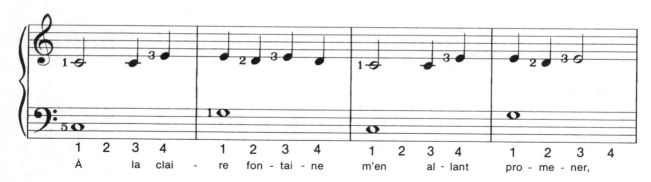

À   la clai - re fon - tai - ne   m'en   al - lant   pro - me - ner,

j'ai   trou - vé   l'eau si bel - le   que   je m'y   suis bai - gné.

Il   y a long - temps que je t'aime,   ja   -   mais je ne   t'ou - blie - rai

Il   y a long   - temps que je t'aime,   ja   - mais je ne   t'ou - blie - rai.

Comment jouer des accords

Un accord est produit par l'émission simultanée de deux notes ou plus. Les accords se font de la main droite ou de la main gauche, ou mains ensemble. Dans la musique pour piano, les accords ajoutent une touche harmonique et un accompagnement riche à la mélodie.

ACCORDS AVEC LA MAIN DROITE
Faites l'exercice qui suit: Placez votre main droite sur le clavier, comme pour jouer. *Puis, appuyez votre pouce (1) et votre majeur (3) en même temps* pour jouer le do central et le mi ensemble. Vous devez jouer ces deux notes exactement en même temps, et avec la même force. *Essayez cet accord plusieurs fois.*

Nous l'avons vu, les notes des accords sont écrites les unes au-dessus des autres sur la portée. L'accord DO-MI que vous venez de jouer s'écrit comme suit:

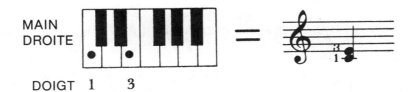

À présent, essayez différents accords avec d'autres doigts. Commencez par jouer DO-MI avec le pouce (1) et le majeur (3). Jouez ensuite MI-SOL avec le majeur (3) et l'auriculaire (5). Puis jouez RÉ-FA avec l'index (2) et l'annulaire (4).

Enfin, rejouez l'accord DO-MI avec le pouce et le majeur.

Jouez chaque accord quatre fois tout en comptant lentement la mesure. Assurez-vous de bien jouer les notes avec la même intensité. *Ensuite, reposez votre main.*

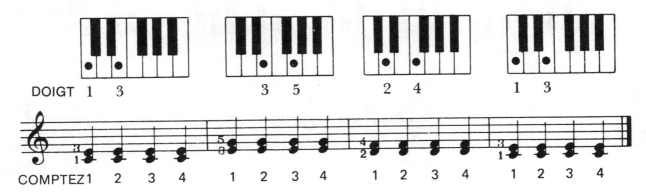

ACCORDS DE LA MAIN GAUCHE
Faites l'exercice suivant:

Déposez légèrement votre main gauche sur le clavier, en plaçant le pouce sur le SOL situé juste à gauche du DO central (comme indiqué sur l'illustration de la page 39). Puis jouez les accords qui suivent. (Assurez-vous de bien jouer les notes avec la même force et au même moment.) *Jouez chaque accord deux fois.*

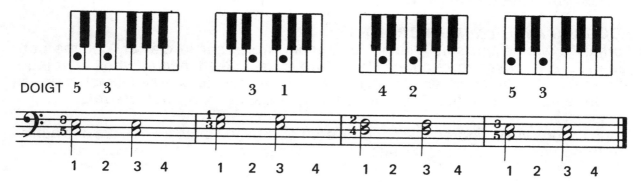

Les doigts ne jouent pas toujours les mêmes intervalles. *Jouez les différents accords suivants:*

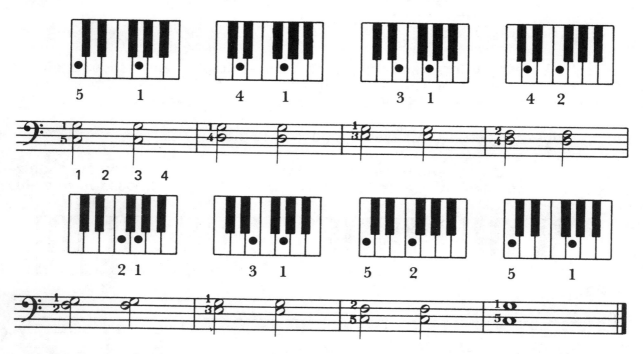

Détendez votre main gauche en étirant vos doigts, et posez votre main sur votre genou.

Faites bien ces exercices — main droite, main gauche — avant de passer au morceau suivant.

«Vive le vent» est plus intéressant à jouer et à écouter avec les quelques accords qui accompagnent la mélodie.

VIVE LE VENT
Respectez bien les doigtés.

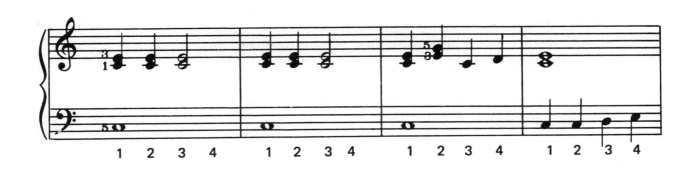

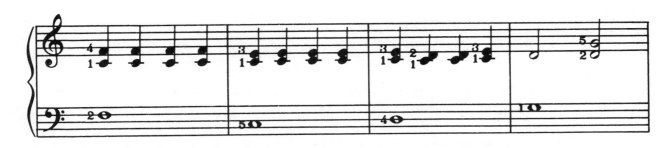

Un peu de solfège

Au début de chaque partition se trouvent deux chiffres superposés ou un signe — C — à droite de chaque clé. Ils indiquent le nombre de battements que l'on doit compter à l'intérieur de chaque mesure. (Cette dernière est l'espace compris entre deux barres de mesure.)

Si le chiffre du haut est «3», c'est une mesure à trois temps.

Jouez quelques accords à deux notes avec votre main droite, tandis que vous comptez trois temps par mesure. Accentuez légèrement sur le premier temps.

Les morceaux que vous avez joués jusqu'ici étaient à quatre temps ce qui s'écrit **C** ou $\frac{4}{4}$

LES NOTES POINTÉES

Un point placé à droite d'une note ajoute à cette note la moitié de sa durée:

UNE BLANCHE DURE 2 TEMPS   UNE BLANCHE POINTÉE DURE 3 TEMPS

LES LIAISONS

On appelle liaison une ligne courbe placée sur deux notes *de même son* et qui augmente la première de toute la durée de la seconde, laquelle ne doit pas être répétée, mais tenue.

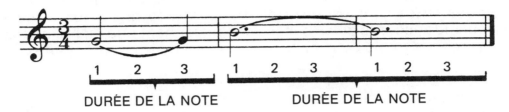

LES LIAISONS D'ACCENTUATION

Il existe également un signe, qui peut être coulé ou courbe, qui lie deux ou plusieurs notes *différentes* ensemble et qui indique qu'il faut lier et soutenir les sons.

= jouer doucement   = jouer doucement

À présent, jouez le morceau qui suit:

GENS DU PAYS — Chanson de Gilles Vigneault

Comptez lentement 1   2   3 avant de jouer.

Autres passages pour la main gauche

Vous avez jusqu'à présent utilisé votre main gauche pour ajouter des accords binaires ou des notes simples aux mélodies. Dans cette section, vous allez apprendre à jouer les accords et les basses accompagnant une mélodie. Cela ajoute du rythme et rend la partie de la main gauche plus intéressante. *Faites l'exercice suivant*:

Placez légèrement vos doigts de la main gauche sur le clavier, pouce (1) sur le SOL, petit doigt (5) sur le DO.
1. Jouez DO avec le petit doigt (5).
2. Jouez MI et SOL avec votre majeur (3) et votre pouce (1), *en soulevant votre petit doigt de sa touche lorsque les autres doigts sont enfoncés.*

3. Rejouez MI et SOL ensemble.

Répétez l'exercice plusieurs fois tout en comptant lentement

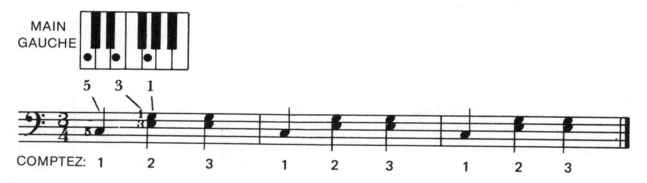

Rejouez le tout, mais cette fois jouez FA et LA avec l'index (2) et le pouce (1) après avoir joué DO avec le petit doigt. *Déplacez votre pouce d'une touche vers la droite pour jouer LA.*

Rappelez-vous que le LA est au-dessus du SOL.

Ensuite, jouez RÉ avec votre quatrième doigt, suivi de l'accord FA-SOL joué avec l'index (2) et le pouce (1). Remarquez que le pouce doit se déplacer vers la gauche de LA pour jouer SOL.

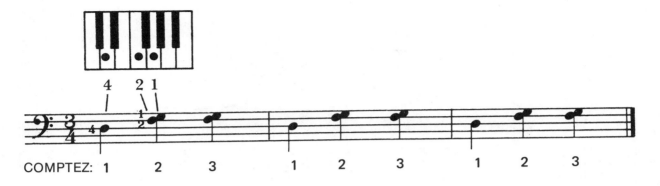

À présent, jouez ensemble les notes seules et les accords. *Lisez attentivement chaque note et son doigté.* Commencez lentement, et comptez régulièrement.

Lorsque vous jouerez ce morceau doucement, sans ralentir entre les notes isolées et les accords, passez au morceau suivant.

AUX MARCHES DU PALAIS — Chanson folklorique

Dans un premier temps jouez la mélodie avec la main droite (portée du haut), et dans un deuxième temps ajoutez la main gauche. Comptez lentement 1 2 3 pour bien fixer la pulsation.

50

AUTRES NOTES À JOUER AVEC LA MAIN GAUCHE

Vous allez à présent apprendre à déplacer toute votre main gauche sur le clavier pour jouer différents accords.

Essayez l'exercice suivant:

Jouez DO avec le petit doigt de la main gauche (5).

Déplacez votre main d'une touche vers la gauche et jouez SI avec votre petit doigt.

Déplacez le petit doigt d'une autre touche vers la gauche et jouez LA.

Enfin, déplacez le petit doigt encore d'une touche vers la gauche et jouez SOL.

Rejouez ces notes, cette fois en déplaçant toute votre main pour refaire l'accord MI-SOL après chaque note.

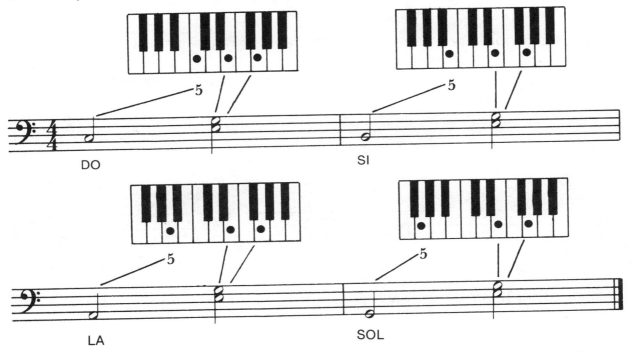

Refaites plusieurs fois cet exercice en nommant chaque note «grave». Ensuite jouez DO, accord, SOL, accord plusieurs fois.

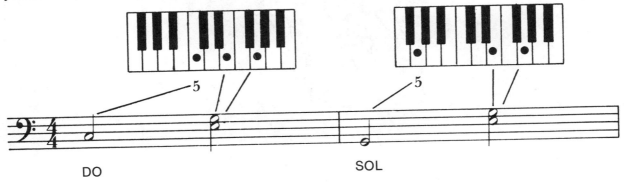

Répétez l'exercice jusqu'à ce que votre jeu soit parfaitement égal.

NOTES POUR LA MAIN GAUCHE

Voici les notes pour la main gauche que vous avez jouées jusqu'à présent, plus un autre FA qui se trouve en dessous de la première ligne de la portée, et un SI qui se trouve au-dessus de la cinquième ligne:

Rejouez les accords précédents en changeant les notes graves.

COMPTEZ: 1   2   3   4

Déplacez votre main sur le clavier en vous inspirant de la figure ci-dessous.

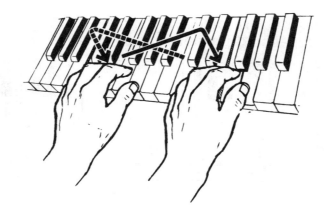

«Préparez» vos doigts à l'avance entre deux déplacements.

Jouez ce morceau:

L'EAU VIVE — Chanson de Guy Béart
Cette chanson est en 3/4, vous devrez donc compter lentement 1 2 3 pour fixer la pulsation avant de jouer. (Notez que les accords sont joués deux fois après chaque note de basse.)

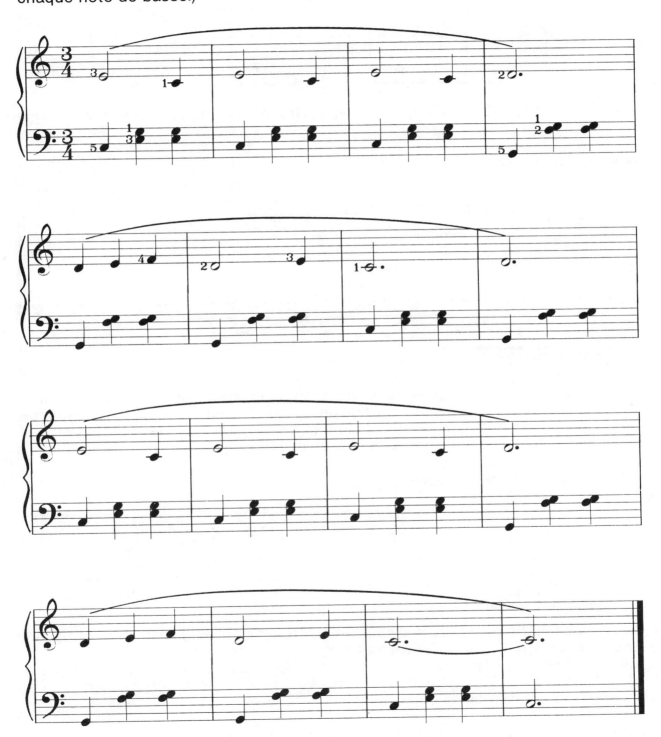

LES SILENCES

Les silences sont, comme leur nom l'indique, des temps que n'occupe aucune note. Dans certains cas, main gauche et main droite n'ont pas à jouer pendant un temps ou plus. À chaque figure de note correspond un silence.

Pour indiquer un silence d'une durée de quatre temps, on peut aussi marquer une mesure vide.

Jouez ce morceau en le comptant.

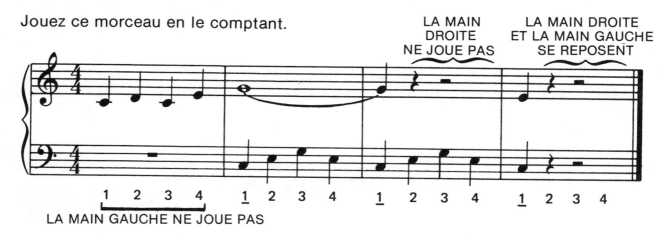

Il arrive que la première et la dernière mesures ne comprennent pas le nombre total de temps indiqués par le chiffrage de la mesure: l'air commence au milieu ou à la fin de la première mesure. Il faut alors compter les temps manquants avant de commencer à jouer pour avoir le tempo exact.

Comptez et jouez ces mesures:

Il est essentiel de bien compter pour trouver la durée propre à chaque note ou silence de la partition. Comptez toujours lentement et régulièrement au début, pour bien comprendre le rythme du morceau, puis jouez ce dernier au tempo indiqué. Si vous sentez que votre jeu est ralenti par quelques notes, jouez-les séparément, puis rejouez l'ensemble.

Ne passez pas à la section suivante avant d'avoir bien assimilé tous ces points.

WHEN THE SAINTS GO MARCHING IN

Ce *Gospel* est un classique du jazz. Vous remarquerez que cet air commence sur le deuxième temps de la première mesure. *Comptez:* 1 2 3 4 1

Pas trop rapide

COMPTEZ (1) 2   3   4   1   2   3   4   1   2   3   4   1   2   3   4

D'autres notes

NOTES À JOUER AVEC LA MAIN DROITE
Voici les notes que vous avez jouées jusqu'ici, plus quelques autres:

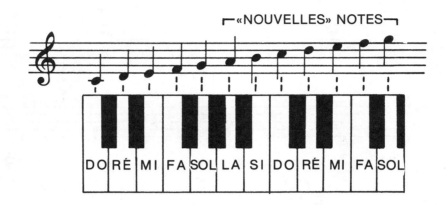

Il y a deux façons de procéder. Vous pouvez déplacer votre main sur le clavier, de la même façon que vous l'avez fait pour la main gauche. *Faites l'exercice qui suit: suivez attentivement les doigtés et nommez chaque note en la jouant.*

Ce déplacement de la main tout entière est une façon de faire. Mais vous pouvez également écarter vos doigts afin de couvrir de plus grands intervalles tout en restant dans une position identique.

Ici, le pouce (1) joue le DO du centre, puis l'index (2) joue un MI, le majeur (3) joue un SOL et le petit doigt (5) joue le DO à l'octave supérieure.

À présent, faites l'exercice suivant, en lisant chaque note et son doigté attentivement.

Cette nouvelle série de notes couvre une octave en partant du SOL.

LE POUCE JOUE SOL   L'INDEX JOUE DO   LE MAJEUR JOUE MI   LE PETIT DOIGT JOUE SOL

Cette fois, rejouez l'exercice avec d'autres notes aiguës.

Les différentes notes que vous venez d'apprendre se retrouvent dans plusieurs des morceaux qui suivent.

Jouez-vous correctement?

Vérifiez votre jeu régulièrement pour éviter de prendre de mauvaises habitudes.

Êtes-vous assis correctement lorsque vous jouez? Voir page 24.

Vos mains sont-elles bien détendues lorsque vous jouez? Voir page 34.

Avez-vous le bon doigté? Suivez les chiffres — ils sont là pour vous faciliter la tâche.

Lisez-vous la partition correctement? Voir pages 36-41, 46-47 et 54.

Jouez-vous de façon égale, sans ralentir ni accélérer?

Comptez-vous la mesure de façon égale lorsque vous apprenez de nouveaux morceaux?

Jouez-vous de façon «fluide»?

Laissez-vous vos doigts sur les touches assez longtemps pour respecter la mesure?

Quand avez-vous fait accorder votre instrument pour la dernière fois? Si cela fait plus de six mois, ou si votre piano présente des défectuosités, reportez-vous aux pages 14 à 17.

Si vous n'avez pas compris quelque chose, relisez attentivement la section concernée.

Notes à jouer des deux mains

Cette page vous servira de guide pour déchiffrer les morceaux qui suivent.

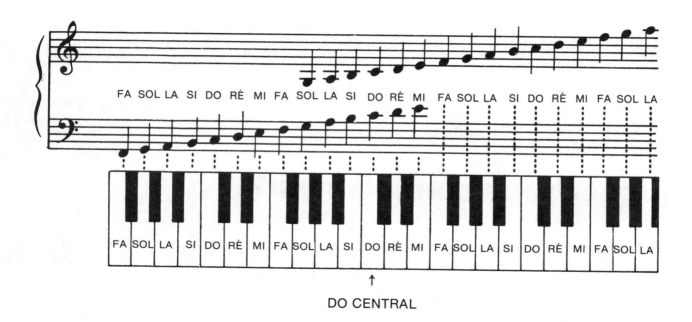

DO CENTRAL

Remarquez qu'il y a plusieurs notes (comme le DO central) qui se trouvent sur des lignes supplémentaires, tant dans le grave que dans l'aigu.

On peut jouer ces notes indifféremment de la main droite ou de la main gauche, suivant la position qu'elles occupent sur la portée.

Si elles sont sous la portée en clé de sol, elles sont généralement exécutées de la main droite.

Si elles se trouvent au-dessus de la portée en clé de fa, elles sont généralement exécutées de la main gauche.

AU CLAIR DE LA LUNE

Jouez chaque main séparément. La main droite joue à deux endroits différents — respectez bien le doigté. La main gauche joue des accords de *trois notes*. Jouez chaque note avec la même intensité. Puis jouez mains ensemble. Comptez lentement **1** **2** **3** **4**

Moderato

COMPTEZ : 1 2 3 4   1 2 3 4   1 2 3 4   1 2 3 4

DÉPLACEMENT DE LA MAIN
PETIT DOIGT SUR RÉ

DÉPLACEMENT DE LA MAIN
POUCE SUR DO

1 2 3 4

59

LES IMMORTELLES — Chanson de Jean-Pierre Ferland
Suivez bien les indications de doigtés. Comptez bien 1 2 3 avant de jouer. Vous pouvez jouer les deux mains séparément avant de les jouer ensemble.

Mais ils vi - vront ce que vi - vent les roses,_____

l'es - pa - ce d'un_____ vous sa - vez quoi._____

Ne s'a - ppe - lle - ront ja - mais im - mor - telles,_____

ne s'ront ja - mais_____ que feu de joie._____

Encore du solfège

Il existe des notes qui durent moins qu'un temps.

♪ est une croche. Sa durée est d'un demi-temps.

Comptez en disant «et» entre chaque temps:

1 et 2 et 3 et 4.

♪ est une double croche. Sa durée est égale à la moitié de celle d'une croche. Pour compter les doubles croches, on divise chaque temps en quatre et on compte comme suit: <u>1</u> ² ³ ⁴ <u>2</u> ² ³ ⁴ <u>3</u> ² ³ ⁴ <u>4</u> ² ³ ⁴

Les croches et les doubles croches se trouvent souvent liées à d'autres croches et doubles croches.

DEUX CROCHES   DEUX DOUBLES CROCHES   UNE CROCHE   DEUX DOUBLES CROCHES

Comptez les croches et les doubles croches comme suit:

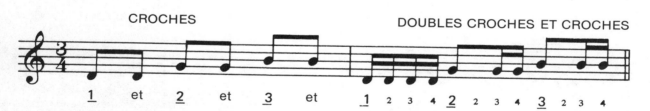

Tapez avec votre pied mais seulement pour les temps soulignés.

AUTRES NOTES POINTÉES
Rappel: un point ajoute à une note la moitié de sa durée.

On compte les noires pointées et les croches pointées de la façon suivante:

AUTRES TYPES DE SILENCES

Le demi-soupir (♪) correspondant à la croche et le quart de soupir (♪) correspondant à la double croche ont la même durée que les notes qu'ils remplacent.

Jouez en comptant tous les exercices qui suivent avant de passer aux autres morceaux.

Jouez et comptez les croches avec une mesure à trois temps. $\left(\frac{3}{4}\right)$

avec une mesure à quatre temps. $\left(\frac{4}{4}\right)$

$\frac{2}{4}$ est une mesure à DEUX TEMPS. Comptez donc: *1 et 2 et 1 et 2, etc.*

Essayez de jouer les croches pointées et les doubles croches avec la main gauche.

SONATINE

Cette pièce est écrite à quatre temps. Comptez bien 1   2   3   4 avant de jouer.
Bien suivre les indications de doigtés.

J'AI DU BON TABAC — Folklore

Attention, la main gauche joue des croches. Travaillez les mains séparément avant de les jouer ensemble. Comptez bien 1 2 avant de jouer. Pour les indications D. C. al fine, voyez les explications de reprises à la page 101.

SONATE de Mozart
Attention aux noires pointées, comptez bien les temps afin d'avoir le bon rythme:

Remarquez que vous comptez «et» seulement lorsque vous jouez une croche.

Avant de jouer un morceau, battez toujours la mesure. Puis jouez sans compter quand le rythme vous est familier.

SAINTE NUIT — Cantique de Noël autrichien de Franz Gruber

Lisez attentivement cette partition. La main droite se déplace souvent pour jouer les accords avec la mélodie — assurez-vous que vous avez le bon doigté. Prenez votre temps, et rejouez cette partition jusqu'à ce que votre jeu soit bien «fluide».

Doucement

68

J'AI UN BEAU CHÂTEAU — Folklore

Placez bien la main gauche en position avant de commencer. À la fin, reprenez du début.

Comment jouer des notes qui se suivent

Jusqu'à présent, vous avez effectué des déplacements de toute la main, ou encore écarté vos doigts afin d'atteindre les notes voulues. Voici une autre façon de procéder pour jouer des suites de notes.

LA MAIN DROITE
Pour jouer de façon liée des notes en allant vers la droite du clavier, on passe sous les autres doigts comme suit:

Jouez DO RÉ MI avec le pouce droit (1), l'index (2) et le majeur (3). Puis, tout en laissant votre majeur sur le MI, passez votre pouce pour jouer FA.

Le poignet et le bras doivent rester aussi droits que possible, ne les courbez pas lorsque le pouce passe sous les autres doigts.

Servez-vous de cette «technique» pour jouer la gamme de DO aussi «liée» que possible. Tenez chaque note le temps nécessaire. Suivez attentivement *le doigté indiqué.*

Les doigts de la main droite passent par-dessus le pouce pour jouer les notes situées à gauche du clavier:

Jouez LA SOL FA avec, respectivement, le majeur (3), l'index (2) et le pouce (1).

Ensuite, laissez votre pouce sur le FA et faites passer votre majeur par-dessus le pouce, pour jouer MI. Puis jouez RÉ et DO central avec votre index et votre pouce.

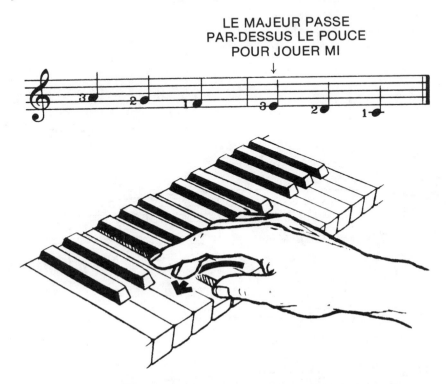

Maintenant, descendez la gamme de DO aussi doucement que possible, en tenant bien vos notes. *Respectez bien le doigté indiqué.*

LA MAIN GAUCHE
Vous pouvez jouer des successions de notes de la même façon avec la main gauche. *Faites l'exercice suivant*:

Lors de chaque exercice, jouez cette petite gamme mains ensemble.

NOUVELLE AGRÉABLE — Ancien cantique de Noël français
Suivez bien les indications de passage de doigts.

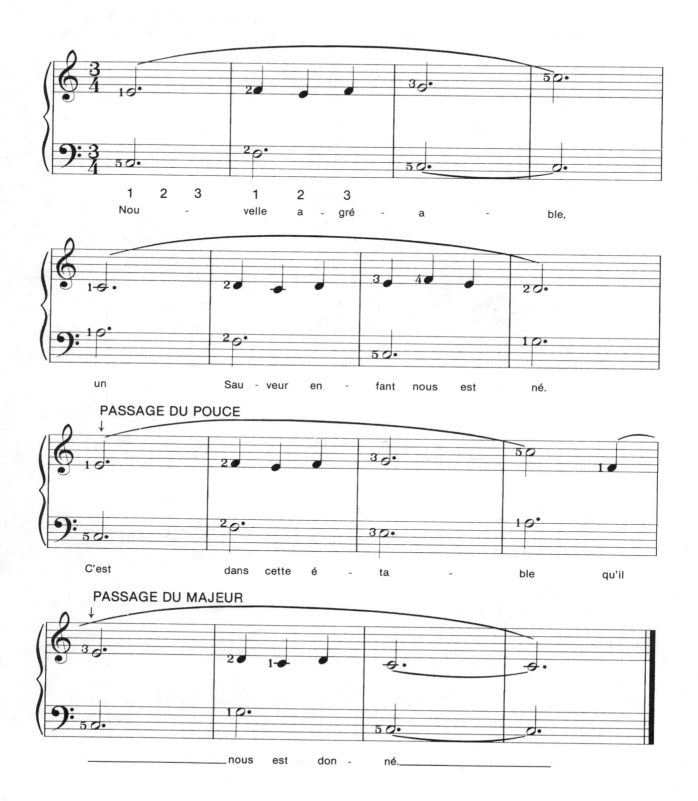

Nou - velle a - gré - a - ble,

un Sau - veur en - fant nous est né.

PASSAGE DU POUCE

C'est dans cette é - ta - ble qu'il

PASSAGE DU MAJEUR

nous est don - né.

BERCEUSE de Brahms

Doucement et pas trop vite

73

EN MONTANT LA RIVIÈRE — Foklore

Attention à la durée des notes liées. Suivez bien les indications de passage de doigt.

1 2 3 4   1   2   3   4

C'est dans le   mois   de____   mai,   en   mon-

CHANGEMENT DE DOIGT
↓ SUR UNE MÊME NOTE

tant la ri - viè - re, c'est dans le   mois   de____

mai que les fi - lles sont be - lles,

PASSAGE DU MAJEUR
↓

que les fi - lles sont be - lles, que les fi-

74

lles   sont   be - lles   et   que   tous

les   a - mants,   en   mon - tant   la   ri viè-

PASSAGE DU POUCE

re,   et   que   tous   les   a -   mants   y   chan - gent

CHANGEMENT DE DOIGT
↓ SUR UNE MÊME NOTE

leurs   maî - tre - sses.

Les notes correspondant aux touches noires

Jusqu'à présent, vous n'avez joué que sur les touches blanches du clavier, correspondant à des notes dites «naturelles» — LA SI DO RÉ MI FA SOL.

Les notes correspondant aux touches noires s'appellent des dièses et des bémols.

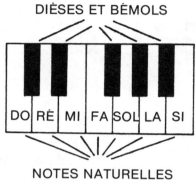

LES DIÈSES (♯)
Une note dièse se joue sur la touche située à droite de la «note naturelle» qui porte le même nom —«DO dièse» se joue sur la touche noire à droite du DO.

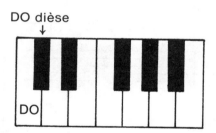

On utilise le signe ♯ pour marquer le dièse. DO dièse s'écrit DO♯

Jouez toutes les notes correspondant aux touches noires en les nommant. Remarquez que chaque note dièse se trouve sur la touche noire située à droite de la note naturelle portant le même nom.

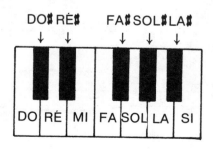

Les dièses sont inscrits devant la note qu'ils altèrent.

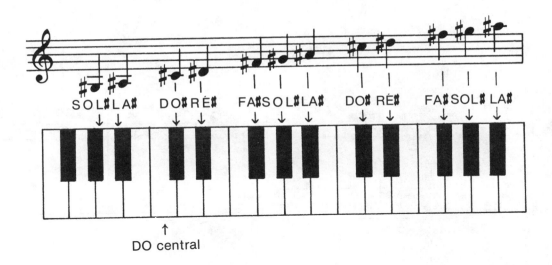

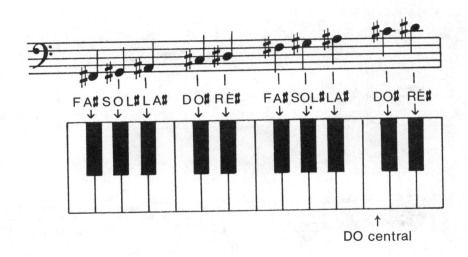

Jouez les notes naturelles (sur les touches blanches) et les dièses (sur les touches noires) ensemble. Exercez-vous avant de jouer les morceaux qui suivent.

Ici, les notes à jouer sur les touches noires sont précédées du signe ♯, toutes les autres notes sont naturelles, donc jouées sur les touches blanches.

MENUET de Mozart

Au besoin, consultez les dièses (♯) à la page précédente.

LA FOIRE DE SCARBOROUGH — Folklore anglais

LES BÉMOLS (♭)

On joue les bémols sur la touche qui précède la note naturelle portant le même nom — «SI bémol» se joue sur la touche noire située à gauche de SI, et ainsi de suite.

Les notes bémolisées sont suivies du signe ♭. (SI bémol s'écrit SI♭.)

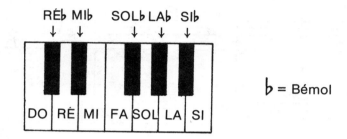

♭ = Bémol

Le signe ♭ se trouve écrit devant la note bémolisée. *Jouez toutes les notes correspondant aux touches noires, en les nommant.*

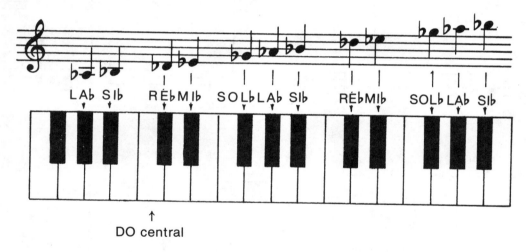

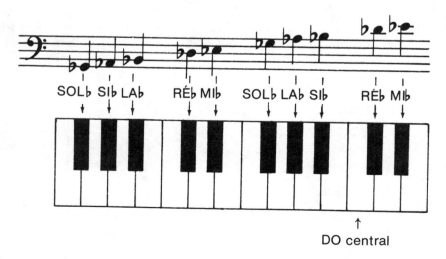

80

Jouez ce qui suit pour vous exercer à lire les bémols.

Jouez cet exercice de la main gauche.

Comme vous l'avez sans doute remarqué, la note jouée sur chaque touche noire peut être appelée ou «X» bémol ou «X» dièse.

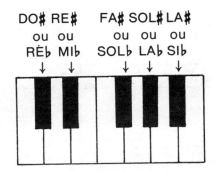

Les ♯ et les ♭ altèrent non seulement les notes qu'ils précèdent immédiatement, mais aussi toutes les notes occupant la même position dans la mesure.

Si la note en question doit être à nouveau altérée par un dièse ou un bémol, on utilisera à nouveau les signes ♯ et ♭.

LES BÉCARRES (♮)

Le ♮ annule l'altération du dièse et du bémol. Il figure devant une note, et indique que c'est la note non altérée qu'il faut lire. Ce signe affectera également toutes les notes de la mesure occupant la même position sur la portée.

FA♯ FA NATUREL ÉGALEMENT FA NATUREL

LOVE ME TENDER — Elvis Presley

Le signe bécarre (♮) annule l'effet du dièse (♯) ou du bémol (♭) pour toute la durée de la mesure.

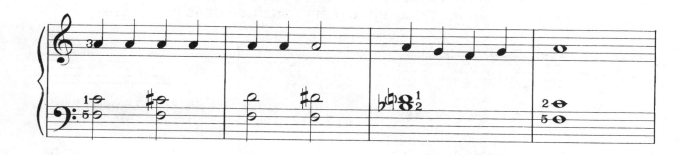

L'IMPORTANT C'EST LA ROSE — Gilbert Bécaud

Placez bien la main gauche en position avant de commencer. Suivez bien les indications de doigtés.

GREENSLEEVES — Vieille chanson d'amour anglaise

Lisez attentivement la partition. N'oubliez pas que le ♯ affecte la note qu'il précède, mais aussi celle du même nom, comprise dans la mesure. (Il s'agit ici du SOL.) Les notes avec un ♮ sont des SOL naturels car ils se trouvent dans une nouvelle mesure et ne sont pas précédés d'un ♯.

L'armature (ou nombre de dièses ou de bémols à la clé)

Les altérations que nous venons de voir sont dites «accidentelles». Nous allons voir ici les altérations dites «constitutives». Il s'agit des altérations placées à la clé, et qui constituent le ton dans lequel il faut jouer le morceau.

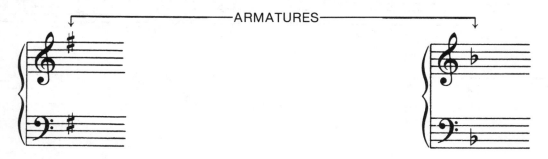

Chaque signe, dièse ou bémol, occupe la place d'une note spécifique. Cette indication présente au tout début de la partition affecte TOUTES LES NOTES du même nom que la note marquée. Ici, le dièse est sur la ligne d'un FA (inscrit entre parenthèses). Cela signifie que CHAQUE FA sera altéré par un dièse.

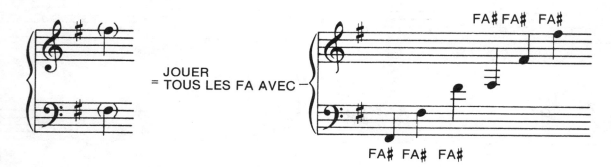

Voici les armatures que vous trouverez le plus souvent:

Il en va de même pour les ♭ à la clé.

Les clés permettent de jouer différentes combinaisons de notes qui rendent la partition plus variée et plus intéressante. Elles permettent aussi de jouer à des octaves plus hautes ou plus basses.

On peut aussi accompagner divers registres de voix, ainsi que divers instruments.

Jouez les gammes de SOL et de FA. Écoutez la différence.

Dans la gamme de SOL, on joue FA♯ à la place de FA naturel.
Dans la gamme de FA, on joue SI♭ à la place de SI naturel.

Vous retrouverez ces notes vraisemblablement dans les mélodies que vous jouerez.

Dans chaque clé, on peut trouver des ♯, ♭ ou ♮ supplémentaires. Rappelez-vous qu'ils altèrent toutes les notes de même nom, situées dans la même mesure.

Lisez attentivement les dièses, bémols et bécarres. Relisez ces pages si vous n'êtes pas sûr d'avoir tout compris.

YESTERDAY — Lennon McCartney

Attention il y a un bémol (♭) à l'armature, donc tous les SI sont bémols sauf s'il y a un bécarre. Les altérations placées devant les notes sont valables pendant toute la durée de la mesure. Surveillez les passages du pouce et de l'index.

88

MON BEAU SAPIN — Chanson traditionnelle allemande

Il y a un dièse à la clé, ce qui indique que les FA sont diésés, sauf à la troisième ligne où un bécarre (♮) vient annuler l'altération, et où il faudra donc jouer un FA naturel. Pratiquez les accords de la main gauche séparément avant de jouer mains ensemble.

Doucement

(1) (2) 3
Mon beau sapin, roi des forêts, que j'aime ta pa - ru - re mon

beau sapin, roi des forêts, que j'aime ta pa - ru - re. Quand

par l'hiver bois et guérets sont dépouillés de leurs attraits. Mon

beau sapin, roi des forêts, que j'aime ta pa - ru - re.

90

MENUET de Jean Sébastien Bach

Il y a un dièse à la clé. Vous devez donc jouer les FA dièse. Suivez attentivement les doigtés qui vous aideront à jouer de façon «fluide» et régulière.

PLAISIR D'AMOUR de Martini il Tedesco

La main droite joue à la fois la mélodie et les accords d'accompagnement. Les hampes (ou queues) des notes de la mélodie sont vers le haut (♩), alors que celles des accords d'accompagnement sont dirigées vers le bas (♪). Respectez bien la durée de trois temps des blanches pointées (♩.).
N'oubliez pas qu'il y a un FA dièse à la clé.

JOYEUX ANNIVERSAIRE (Happy Birthday)

Placez bien la main gauche en position avant de commencer. Attention aux altérations et aux doigtés.

COPPELIA de Léo Delibes

Ce morceau vous prendra un certain temps. Il est écrit en MI♭, avec trois bémols à la clé. N'oubliez pas de jouer SI♭ au lieu de SI naturel, MI♭ au lieu de MI naturel et LA♭ au lieu de LA naturel, sauf bien sûr si ces notes sont affectées d'un bécarre.

95

Quelques conseils pour améliorer votre jeu

Lorsque vous lirez ces lignes, vous aurez déjà une certaine expérience du clavier — à condition bien sûr d'avoir travaillé consciencieusement chaque nouveau morceau avant de passer au suivant. Avant d'aller plus avant, révisez ce que vous n'auriez pas bien compris. Reprenez les pièces qui vous ont causé certaines difficultés et répétez-les. Le secret, pour devenir un bon pianiste, est d'être capable de reprendre chaque nouvelle étape et de l'assimiler parfaitement.

La présente étape est importante. Vous venez d'apprendre un certain nombre de choses concernant le jeu et le solfège. Il est temps de peaufiner ce que vous avez appris en jouant de nouveaux morceaux.

Voici une liste de conseils amicaux qui vous aideront à améliorer votre jeu et vous procureront une satisfaction accrue.

COMMENT RAFFINER VOTRE JEU
Votre musique doit toujours donner l'impression de «couler». Assurez-vous d'avoir un toucher égal — il faut que chaque note s'entende aussi clairement et avec la même intensité que les suivantes. Exercez bien tous vos doigts, vous créerez des automatismes qui vous permettront de jouer de façon égale et douce.

Après avoir joué chaque note, laissez votre doigt sur la touche, puis attaquez la note suivante — sauf s'il y a un silence. Tâchez d'avoir un jeu égal et lié.

Essayez de jouer les yeux fermés et fiez-vous à votre oreille pour savoir si vos doigts sont bien placés. Cela vous aidera à prendre confiance en vous et à jouer de façon plus naturelle. Vous pourrez également jouer sans regarder vos mains.

Si cela est possible, enregistrez-vous. Placez le micro à droite du piano et faites des essais. La seule chose à ne pas faire est de placer le micro sur le piano, à cause des vibrations.

Écoutez vos enregistrements. Cela vous aidera à déceler les erreurs possibles. Gardez ces enregistrements, et datez-les. Si vous avez l'impression parfois de ne faire aucun progrès, écoutez-les et vous serez convaincu du contraire!

EXERCEZ-VOUS
Suivez les conseils de la section initiale (Comment vous exercer). Tâchez d'apprendre une pièce nouvelle par semaine, ou encore améliorez un morceau que vous connaissez déjà. Chaque fois que vous vous exercez, réservez quelques minutes à la révision de certains points qui vous paraissent plus difficiles.

LISEZ DES PARTITIONS AUSSI SOUVENT QUE POSSIBLE
Plus vous lirez, plus vous trouverez cela facile. Il est très important de déchiffrer beaucoup de musique. N'importe quelle partition de piano, de votre niveau, fera

l'affaire. Cherchez à la bibliothèque des ouvrages traitant de différents types de musique, ou encore procurez-vous de la musique en feuille (voir plus loin).

Chaque nouveau morceau vous aidera à lire mieux et plus vite. De plus, votre jeu en sera amélioré. Commencez par des airs simples et courts, sans trop de dièses et de bémols à la clé.

APPRENEZ DES AUTRES PIANISTES

Écoutez le plus souvent possible du piano — disques, radio, télévision. Écoutez attentivement tous les styles de musique et de jeu, et tâchez d'imaginer comment vous exécuteriez ces morceaux.

Observez comment jouent les autres, de préférence dans des endroits où on voit bien les mains du pianiste. Les joueurs n'ont pas besoin d'être de grandes vedettes. Vous apprendrez beaucoup d'une personne qui joue en public. Souvenez-vous toutefois des règles de base, à savoir de ne pas copier les tics ou les mauvaises habitudes d'un autre musicien.

Ne vous laissez pas impressionner par la haute qualité du jeu des musiciens que vous entendrez. Souvenez-vous qu'eux aussi ont été des débutants et qu'ils ont dû traverser les mêmes étapes que vous.

VOUS FAUT-IL DES LEÇONS DE PIANO?

Si vous êtes satisfait de votre façon de jouer ou si vous avez un talent «naturel» qui vous permet d'apprendre facilement, il ne vous sera pas nécessaire, du moins pour un temps, de suivre des leçons de piano, pourvu que vous jouiez différents types de musique avec régularité et que vous appreniez au contact d'autres pianistes.

Cependant, si vous décidez de faire sérieusement de la musique — jazz, classique ou autre —, il est essentiel que vous suiviez des cours. Un bon professeur de piano vous aidera à faire des progrès beaucoup plus rapides. Il ou elle vous conseillera sur la musique qui vous convient le mieux, et vous expliquera comment obtenir différents effets grâce à certaines techniques. Votre professeur vous aidera aussi sur beaucoup d'autres plans.

Si vous décidez de suivre des cours, choisissez un professeur spécialisé dans la musique qui vous intéresse. Renseignez-vous auprès des personnes qui vous ont vendu votre instrument. Elles vous donneront des noms, ou tout au moins une idée des prix demandés pour les cours. Le cas échéant, regardez les petites annonces des journaux locaux ou des magazines spécialisés.

Discutez de votre travail, de vos préoccupations et de vos attentes avec le professeur avant de vous engager à suivre des cours. Fixez l'endroit: chez vous, au studio du professeur ou encore dans une école de piano.

Tirez le maximum de vos leçons en exécutant tout ce que votre professeur vous indiquera, et efforcez-vous de vous améliorer réellement entre chaque leçon.

AMUSEZ-VOUS — JOUEZ DU PIANO AVEC UN AMI
Vous prendrez un immense plaisir à vous exercer avec un ami qui joue un autre instrument ou qui chante. Cette pratique supplémentaire vous aidera grandement à améliorer votre jeu.

Si vous ne connaissez personne qui chante ou qui joue un instrument, renseignez-vous auprès de votre magasin de musique ou d'une association. On vous donnera sûrement des noms de personnes intéressées. Vous pouvez même passer une petite annonce dans les journaux ou ailleurs.

Si vous faites de la musique avec quelqu'un, choisissez des morceaux que vous connaissez bien tous les deux, et lisez la même partition. Il n'est pas conseillé de commencer un nouveau morceau avant de l'avoir d'abord travaillé seul. Si vous ne connaissez pas les mêmes pièces, fixez votre choix sur une pièce et répétez-la chacun de votre côté. Puis jouez-la ensemble. Assurez-vous que la partition est bien écrite dans la même clé pour vos deux instruments.

Vérifiez que vous êtes bien accordé avec votre partenaire. Vous ne devriez pas avoir de problème avec votre piano si vous l'avez fait accorder comme nous vous l'avons conseillé.

Vous êtes prêt à jouer. Comptez la mesure et attaquez bien ensemble. Si vous accompagnez un chanteur ou une chanteuse, jouez le début du morceau en guise d'introduction.

Apprenez à jouer de nouveaux morceaux

Vous êtes maintenant prêt à apprendre des morceaux de votre choix. La façon la plus simple de procéder est d'acheter les pièces que vous aimez ou de les emprunter à la bibliothèque. Recherchez les «albums» où se trouvent regroupés plusieurs morceaux. Ils sont généralement moins coûteux que les partitions séparées. Dans votre magasin de musique, vous trouverez des arrangements qui, sûrement, vous conviendront.

Commencez par des pièces simples, courtes, de préférence des airs que vous connaissez bien et qui ne sont pas trop rapides. Évitez les partitions avec plus de trois dièses ou bémols à la clé, trop difficiles à déchiffrer pour l'instant. Dès que vous saurez jouer ce type de morceaux, vous pourrez passer à des pièces plus longues, ou écrites dans d'autres clés. Apprenez toujours quelque chose de nouveau à chaque morceau et faites le maximum pour améliorer votre jeu.

Procédez par étapes. Apprenez une chose à la fois — commencez à jouer mains séparées, puis mains ensemble.

Vérifiez toujours ce qu'il y a à la clé. Rappelez-vous que les dièses et les bémols altèrent chaque note portant le même nom. Concentrez-vous en premier sur le déplacement de vos mains sur le clavier, puis travaillez votre tempo. Si une note sonne faux à votre oreille, vérifiez que vous jouez bien ce qui est écrit — avez-vous bien respecté les dièses, bémols ou bécarres?

Battez la mesure et jouez chaque morceau lentement et de façon égale. Graduellement, jouez en respectant le rythme indiqué. Travaillez tout passage difficile à part, jusqu'à ce qu'il ne pose plus de problème. Si vous avez du mal à compter les temps, écrivez la mesure au crayon sous chaque note. (Voir pages 62 et 63 la valeur des croches, doubles croches et silences.)

Repérez les passages qui se répètent, vous gagnerez du temps. (Voir la section «Comment lire une partition» qui suit.)

Apprenez chaque morceau correctement avant de passer à un autre. Sinon vous risqueriez de ne pas pouvoir jouer un seul morceau en entier.

Comment lire une partition

Dans la plupart des albums et partitions isolées, la musique est écrite pour voix ou pour divers instruments. Il faut donc que vous sachiez quelle partie est pour le piano. Voici un peu à quoi ressemblent les premières mesures d'une partition type. La ligne de la mélodie apparaît au-dessus de la partie piano.

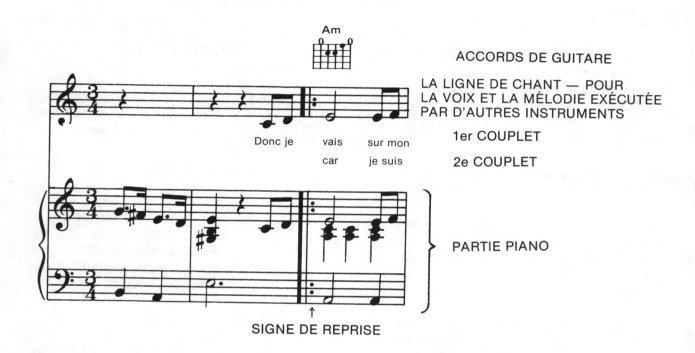

Comme vous pouvez le voir, la première ligne, ou ligne de chant, donne la mélodie du chant, ou la partie instrumentale. La partie que vous devez normalement jouer au piano est indiquée séparément, en dessous.

La partie piano donne également la mélodie dans la plupart des partitions, ce qui vous permet de la jouer en solo. Toutefois, il arrive occasionnellement que la partie piano soit un accompagnement ou un «soutien» destiné à être joué avec un autre instrument ou avec un chanteur.

La partie «soutien» ne constitue par la partie solo. Vous devez donc vérifier si la mélodie est comprise dans la partie piano avant d'acheter votre partition, si votre intention est de jouer tout le morceau au piano. (Pour ce faire, comparez la ligne supérieure de la partie piano avec la ligne de chant. *Si ces deux lignes semblent identiques,* c'est que votre partition comprend la mélodie, même si parfois il y a plus de notes dans la partie piano.)

Dans ce type de partition, plusieurs signes sont utilisés pour indiquer les reprises. Il est important de bien comprendre chacun de ces signes.

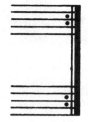 LES BARRES DE REPRISE: Une double barre précédée de deux points indique qu'il faut répéter la partie qui précède; suivie de deux points, elle indique qu'il faut répéter la partie qui suit.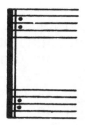
S'il n'y a pas d'autre signe, reprenez la musique du début.

LES SIGNES 1 et 2:
La première fois, la musique comprend la partie marquée du chiffre 1.
Le seconde fois, jouez la musique marquée du chiffre 2.

D.C. D.C. (Da Capo) signifie qu'il faut reprendre à partir du commencement.

D.S. D.S. 𝄋 signifie qu'il faut reprendre à partir du signe.

D.S. 𝄋

al Coda ⊕ D.S. 𝄋 signifie qu'il faut reprendre à partir de symboles, et ce jusqu'au signe ⊕ (la Coda); ensuite, se rendre au signe Coda ⊕.

D.C. al Fine signifie qu'il faut reprendre à partir du commencement et arrêter à l'indication Fine.

L'ordre dans lequel on doit jouer est souvent évident en ce qui concerne les chansons, à cause des paroles écrites.

Dans certains morceaux, la mélodie est légèrement changée aux deuxième et troisième couplets. On indique souvent ces changements par des notes plus petites que la normale.

101

Jouer en public

Vous serez amené tôt ou tard à jouer devant un public. Qu'il s'agisse de centaines de spectateurs, de votre famille ou de vos amis, voici quelques conseils qui vous seront utiles.

Si vous jouez ailleurs que chez vous, vérifiez toujours si les touches du piano sont en bon état et si le piano est bien accordé. (Ne jouez pas sur un piano en mauvais état, votre musique en pâtirait.) Vérifiez également la hauteur du tabouret.

Choisissez des morceaux que vous connaissez bien. Vous les jouerez sans hésitation. Ne jouez jamais les pièces les plus difficiles de votre répertoire, ni les plus récentes, car vous risqueriez de commettre des erreurs. Si vous jouez plusieurs pièces, choisissez des rythmes, tonalités et cadences différents. Alternez des morceaux «forts» avec des morceaux doux, et réservez les meilleurs et ceux qui font le plus d'effet pour la fin.

Soignez les débuts et les fins de chaque pièce. Cela donnera une touche plus agréable et plus professionnelle à votre jeu. Tâchez d'«entendre» la musique dans votre tête avant de la jouer. Vous aurez le rythme et l'expression justes pour l'interpréter.

Par-dessus tout, ayez confiance dans votre façon de jouer. Soyez convaincu que votre public appréciera tout ce que vous jouerez, et rappelez-vous que la majorité des gens aiment le piano.

Ne dites *jamais* que vous ne jouez pas très bien, ou que «vous allez sûrement faire des erreurs». C'est le meilleur moyen d'en faire! S'il vous arrive de vous tromper, vous pouvez soit en rire, soit continuer comme si de rien n'était. Sachez que la plupart des gens ne remarqueront pas vos erreurs. Ne jouez *jamais* les mains froides, vos doigts seraient trop raides.

Il existe plusieurs endroits où vous pourrez trouver un public — collèges, sociétés de musique, salles de concerts, concours locaux, salles annoncées dans les journaux de votre quartier, dans les magazines spécialisés ou sur les tableaux d'affichage. De temps en temps, vous pouvez organiser des soirées en famille ou entre amis.

Une fois que vous aurez vaincu le trac que tous les artistes connaissent, vous vous apercevrez que le fait de jouer en public est un excellent moyen d'améliorer votre jeu. Cela vous donnera la motivation nécessaire pour vous améliorer et composer. Exercez-vous en regardant par la fenêtre pendant que vous jouez, en imaginant que le monde entier vous regarde et vous écoute. Vous pouvez également vous enregistrer sur cassette ou sur bande magnétique.

Tableau récapitulatif

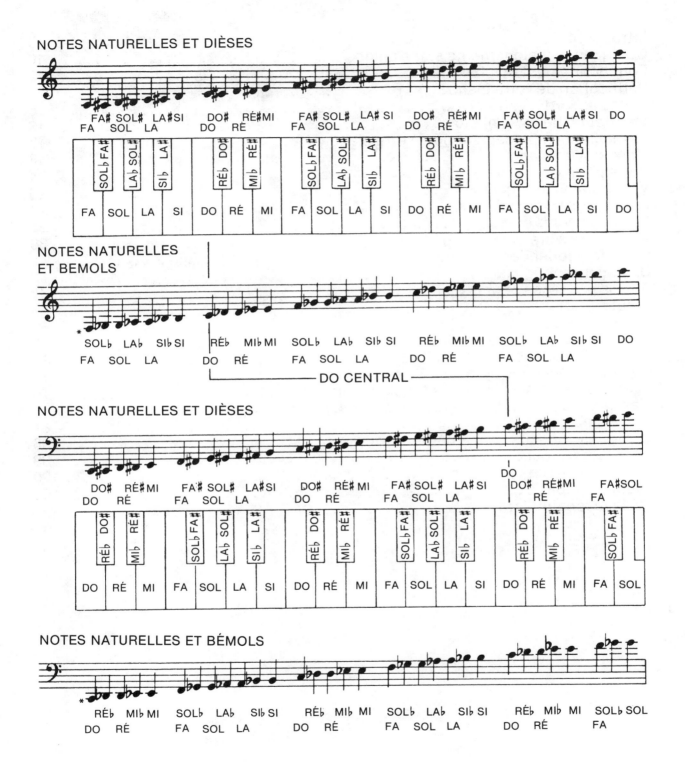

* Lire ces lignes de droite à gauche

Table des matières

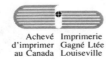

Achevé   Imprimerie
d'imprimer Gagné Ltée
au Canada Louiseville